云计算环境下
的数据共享技术研究

许 灿 著

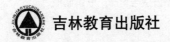

吉林教育出版社

图书在版编目（CIP）数据

云计算环境下的数据共享技术研究 / 许灿著 . -- 长春 : 吉林教育出版社 , 2019.12 （2021.3重印）
ISBN 978-7-5553-5623-3

Ⅰ . ①云… Ⅱ . ①许… Ⅲ . ①云计算—数据共享—研究 Ⅳ . ① G253

中国版本图书馆 CIP 数据核字 (2019) 第 301107 号

YUNHUANGJINGXIA DE SHUJU GONGXIANG JISHU YANJIU

云环境下的数据共享技术研究

主　编　许　灿
策划编辑　杨　琳　　　　　　　　　装帧设计　飒　飒
责任编辑　刘艳玲

出版发行　吉林教育出版社
　　　　　（长春市同志街1991号　　　130021）
印　　刷　三河市元兴印务有限公司

开　　本　880mm×1230mm　1/32
印　　张　5.5
字　　数　100千字
版　　次　2020年6月第1版
印　　次　2021年3月第2次印刷
定　　价　59.00元

如有印装质量问题，请直接与承印厂联系调换

前　言

　　云计算是 Internet 下的一种超级计算模式，随着大数据时代的到来，海量数据处理难题接踵而来，传统数据存储部署已经无法满足数据的囤积。为了满足存储需求，提升业务信息系统的部署效率，我国开始建设云计算模式下的虚拟储存方式——云存储，云存储能够解决大数据带来的海量数据存储、数据调用和访问共享等问题，通过构建云计算虚拟化数据中心，为数据共享提供平台。而现数据的分散性、资源利用率低、数据孤岛等问题突出，数据共享受限，数据冗余严重，如何建设面向用户满足云存储的共享服务，成为研究的难题和重点。

　　现代社会最鲜明的特征是信息时代，它促进社会发展的变革，也带动了社会经济的发展。大数据是现代社会的主要表现形式，表示信息数据具有较大的容量和较快的传输速度。随着互联网信息技术的发展和应用，我国建设了相应的资源信息平台，这些信息只要在电脑连接网络的情况下，就可以免费进行访问和查找。云计算是一种新型的互联网计算模式，其发展促进了信息资源的共享和发展，是现阶段处理大数据信息问题最主要且最有效的方法。探究大数据下基于云计算共享资源平台的应用，有助于完善信息共享资源平台的发展，同时，可以促进我国社会现代化和科技信息的发展。本书主要对云计算环境下的数据共享技术进行深入探讨，内容完整，深入浅出。

　　大数据时代是现代社会和将来社会发展的必然趋势，是以科技信息为指导的时代，对所有的信息都应采用网络信息进行管理和计算。我国是一个人口众多的国家，将实际的信息资源通过网络信息形式进行储存和浏览，这些数据量非常庞大。为了快速地对这些信息数据进行计算和管理，就需要相应的快速计算技术来实现资源共享，便于满足更多用户的资源需求。共享资源平台以网络为基础，是实现所有信息化数据的查阅、浏览及下载的一个资源分享渠道。随着现代社会的发展，科学信息日益更新，信息资源趋于广泛化和大范围化发展，为了对这些信息资源进行充分且有效的共享，需要相应的计算技术支持，需要具有一定的结构设计。本书将在大数据下基于云计算进行共享资源平台的结构设计，从功能构成的整体、网络门户功能及后台运营管理功能等方面进行设计。

目　录

第一章

云计算技术

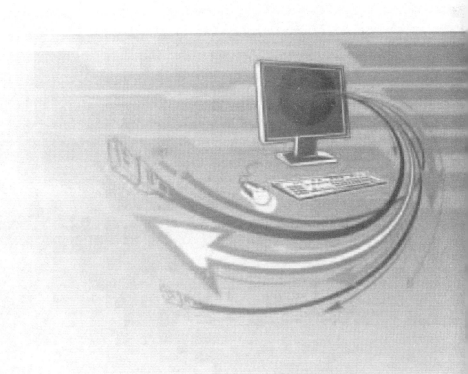

第一节 云计算技术概述

云计算是以数据为中心的一种数据密集型超级计算，在数据管理、数据存储、并发控制、编程模式、系统管理等方面，具有自身独特的技术。它的出现，改变了信息服务的提供方式，它不是一个单独服务，而是一个服务集合。

云计算技术是由基础设施即服务（Infrastructure as a Service, IaaS），平台即服务（Platform as a Service, PaaS）和软件即服务（Sofeware as a Service, SaaS）三种形式，为使用者提供前所未有的 IT 服务能力。首先，IaaS 即以服务的形式交付计算机基础设施。作为最底层和最基础的服务，IaaS 将基础设施（计算资源和存储）作为服务出租，代表了一种作为标准化服务在网上提供基本存储和计算能力的手段。是以服务形式提供服务器、存储和网络硬件。这类基础架构一般是利用网格计算架构建立虚拟化的环境，网络光纤、服务器、存储设备、虚拟化、集群和动态配置软件被涵盖在 IaaS 之中。其次，IaaS 之上的服务是 PaaS，PaaS 可描述为一个虚拟的平台，包括一个或多个服务器、操作系统以及特定的应用程序，无须下载或安装，即可通过互联网发送操作系统和相关服务的模式，云计算应用的开发平台也可作为一种 PaaS 提供。这种形式的云计算把开发环境作为一种服务来提供，指的是以服务形式，将应用程序开发及部署平台提供给第三方开发人员。这种平台一般包含数据库、中间件及开发工具，均以服务形式通过互联网提供。再次的 SaaS 是可以提供给终端用户的应用程序，它是从一个集中的系统来部署软件，并使之在一台本地计算机上运行的一个软件模型。它通过浏览器，将应用程序以服务形式提供给用户的形式，应用程序可以是公有云提供商提供的商用 SaaS 应用，或企业专用云提供的商用或订制的 SaaS 应用。这种类型的云计算通过浏览器，把程序提供给成千上万的用户使用。

云计算采用海量分布式存储技术存储数据，它的两种主流的海量分布式数据存储技术是 GFS 和 HDFS。它采用 MapReduce 编程模式，保证后台复杂的并行执行和任务调度向用户和编程人员透明，将任务自动分成多个子任务，通过 Map 和 Reduce 两步实现任务在大规模计算节点中的调度与分配。它主要应用于海量数据处理，其任务调度策略的一大特色即是优先将任务调度至数据所在的节点，从而降低了网络的开销，提高了系统的性能。云计算模式基于 SOA 的架构，动态地分配和部署共享的计算资源。同时，云计算具有灵活性、高可用性、动态资源监控以及虚拟性。基于虚拟化的云计算平台为企业的资源重构带来了便利，使其能在短时间内转向云计算平台，从而降低了基础架构的重建成本，缩短了为企业转型的时间。云计算的这些特性在客观上需要高性能的服务器来支撑，无论是科研，还是商业应用，对于中小规模的企业和用户计算来说，购买高性能服务器来说，都是一笔昂贵的费用。而基于虚拟化技术的云计算解决了目前存在的问题，并且保证了云计算平台的高可用和高可靠等特性，使其更好地服务于客户。

目前针对云计算，其中如何有效地提高云计算系统性能成为关键问题。针对这个问题，提出了基于云计算技术框架，研究了其框架的核心部分，即服务器云。利用虚拟化技术解决并保证了云计算平台的高性能与高可用性，使云计算框架在实际应用中资源最大化、利润最大化，同时也推动了云计算技术的快速发展。服务器云是云计算框架的核心部分，所有云计算框架中的功能及子系统都依赖于服务器云来实现。它既包括硬件服务器和底层操作系统部分，又包括云计算平台中的虚拟机超级监督器功能，是运行虚拟系统功能服务器系统的底层基础平台。计算模式从大型机的方式，逐渐过渡到微型个人计算机的方式，并且近年来过渡到普适计算上。

云计算与分布式计算、网络计算相比，具有自身的优势。首先，云具有超大规模。例如，目前的 Google 云计算已经拥有 100 多万台服务器，Amazon、IBM、微软、Yahoo 等的"云"计算平台均拥有几十万台服务器。超规模的基础硬件为云计算赋予了前所未有的计算能力。其次，云具有扩展性。云计算的扩展性主要体现在计算资源、存储能力和负载均衡，虚拟化技术的自身优点满足了云计算的扩展，并提供了计算平台的 7×24 无故障全日程服务。同时，云计算又具有规模的动态伸缩，以满足用户不断增长的应用和需求。与网络、分布式计算相比，更具有商业性和应用性。云计算不仅在处理计算能力上具有前所未有的优越性，而且在管理上，也具有自动性。"云"计算平台要求具有自动化管理功能，用户可以通过用户接口，自己申请计算资源和应用，按自己的需要建立自己的资源环境，而整个过程是不需云平台管理员的干预的，云计算平台只需自动记录用户使用资源的大小和时间即可。

以云计算为代表的技术革命对现有的信息产业及应用模式产生了巨大的震动。只有云计算才能在大规模用户聚集的情形下提供高可用性服务，而其较低的服务成本又能保持其竞争优势。

这些优势使得云计算受到了互联网服务企业的普遍青睐。云计算技术以其本身在大容量存储、超大规模计算能力等方面的优势，使得云计算已成为科学研究不可缺少的助推器，其推动着产学研用紧密结合的新型创新模式。可以说，以云计算为代表的技术革命，对现有的信息产业及应用模式产生了深远的影响。

第二节　云计算平台基础服务

一、背景介绍

建立一个提供信息服务的数据中心，要规划、采购和部署很多硬件和软件设备，新的服务器、交换机、路由器从订货到上机架安装、网络系统布线、各种系统软件和应用软件的安装调试都很费时费力。建好以后，还会不时遇到信息处理能力过剩和信息处理能力不足的问题。而云计算技术在一定程度上解决了这些问题。

近年来，云计算平台发展很快，其普及程度超出人们的想象。其具有费用低、定制服务、快速部署、按需配置的特性，提供了一种稳定的商用信息服务平台，从大容量数据存储、可弹性伸缩的计算能力到各种企业级应用服务，都可以随时配置使用，如同提供水、电等公用服务一样方便，形成了一种新的主流信息服务模式。亚马逊 AWS 云和阿里云的服务种类和处理能力都处于领先水平。

亚马逊 AWS 云服务和阿里云服务，早期都是电商公司的一部分，独立出来后，提供按需要配置、按使用付费的商用云服务，具备弹性和容错的特性，只需很少的成本，就能灵活部署传统数据中心和服务器集群的功能，支持各种高性能的互联网应用。

亚马逊 AWS 云在全球，如美国、欧洲、巴西、新加坡、日本、中国与澳大利亚等地理区域建立了数据中心，阿里云也在中国、美国、欧洲、新加坡、中东、澳大利亚与印度等地理区域建立了数据中心。应用和服务部署在不同的地理区域，可以提高其访问速度，并且增强数据和程序的容错及灾难恢复能力。

目前，亚马逊 AWS 云和阿里云都提供了很多云服务，能够完全提供传统数据中心的功能，很多大企业和初创公司都纷纷采用公有云平台来提供互联网信息服务，其基础云服务包括：计算、存储、数据库、网络、管理等。

二、计算

服务器是数据中心的核心部件，通过安装各种应用软件来提供各种信息服务。云计算平台通过虚拟化技术，在物理服务器的基础上，提供虚拟服务器服务，其优点是可灵活定制虚拟服务器的数量、计算能力、内存大小、存储容量、网络带宽等功能。

Amazon Elastic Compute Cloud（Amazon EC2）是亚马逊 AWC 云提供的一种服务，即提供可调节计算容量的虚拟服务器，它可以像真实的物理服务器一样部署使用，运行和管理各种应用系统。

阿里云 ECS 提供与 Amazon EC2 类似的虚拟服务器服务功能，按需提供灵活、可伸缩、安全的计算能力，按使用时间付费，有助于降低系统成本，提升运维效率，使用户更专注于核心业务创新。

阿里云 ECS 与 Amazon EC2 都通过创建的实例获得虚拟服务

器，可以远程登录访问，如同使用真实的物理服务器，可以安装运行各种软件，以实现各种应用服务。

三、存储

共享存储是数据中心的核心功能，一般通过共享文件服务器来提供共享存储的服务。云计算平台通过虚拟化技术，在物理存储的基础上，提供虚拟的共享服务，存储容量可灵活定制，并且能自动进行容错备份。

Amazon Simple Storage Service（Amazon S3）是一种面向互联网的共享存储服务。它是 AWS 于 2006 年 3 月最先推出的一项核心服务，可以通过互联网，随时在 Amazon S3 上上传和下载任意大小的数据，并且可申请使用的数据存储容量没有限制。

阿里云 OSS 提供与 Amazon S3 类似的共享存储服务功能，可以任意上传和下载各种容量的数据文件，这些数据可通过网络地址 URL 访问。其海量、安全、低成本、高可靠的云存储服务，提供较高的数据可靠性。使用编程接口 API 可以在互联网任何位置存储和访问，容量和处理能力弹性扩展，多种存储类型可供选择，全面降低了数据存储成本。其应用案例包括：网站和应用动静分离、多媒体数据存储、云端数据处理、多存储类型、跨区域容灾等。

四、数据库

数据库是数据中心的核心功能，一般通过在服务器上安装数据库软件来提供数据服务。云计算平台通过虚拟化技术，在物理数据库服务器的基础上，提供托管的虚拟数据库服务。用户不用安装和维护，就可以灵活定制数据库容量，按需要访问和使用数据库。

Amazon Relational Database Service（Amazon RDS）是 AWS 提供的关系数据库服务，它可以灵活调整数据库容量，并承担常见的数据库管理任务。使用 AWS 管理控制台，可以设置、操作和扩展关系数据库，目前支持主流的关系数据库，如 My SQL、Oracle、Microsoft SQL Server、Postgre SQL、Maria DB、Amazon Aurora。

阿里云关系数据库提供了类似的服务功能，目前支持主流的关系数据库，如 My SQL、Microsoft SQL Server、Postgre SQL，能广泛应用于各类应用场景。

五、网络

网络是数据中心的核心功能，一般通过交换机、路由器、防火墙等设备，将服务器集群连接成网络，提供内部网络和互联网服务。云计算平台通过虚拟化技术，在物理网络的基础上，提供虚拟网络服务，可灵活配置内网，按需接入互联网。

Amazon Virtual Private Cloud（Amazon VPC）是 AWS 创建和管理虚拟网络的服务，它与在数据中心中运行的传统网络极其相似，并可以利用 AWS 的可扩展基础设施的优势，创建出所需虚拟网络 VPC，并且在 VPC 中部署 EC2 服务器和 RDS 数据库服务器等 AWS 资源。

阿里云 VPC 提供类似的创建和管理虚拟网络的服务功能，可以构建出一个隔离的网络环境，并可以自定义 IP 地址范围、网段、路由表和网关等。此外，也可以通过专线 /VPN/GRE 等连接方式，实现云上 VPC 与传统 IDC 的互联，构建混合云业务。

Amazon VPC 与阿里云 VPC 都可以虚拟创建安全、定制、隔离的私有网络，例如，可以创建一个 10.0.0.0/16 的虚拟网络，然后再创建 10.0.1.0/24 和 10.0.5.0/24 两个虚拟子网络，将不同的虚拟服务器和关系数据库服务器配置其中，从而完成其特定的功能。

六、管理

亚马逊 AWS 云提供了丰富的管理工具，以构建、维护和使用各种运行在其上的应用系统。其典型的管理服务是管理控制台 Management Console。

AWS Management Console 是 AWS 基于网页图形界面的管理控制台。用户通过账号登录后，会出现控制台主页，主页提供了直观的图形用户界面，用于创建和管理 AWS 的各种服务。另外，各个服务控制台还提供了用于与 Amazon S3 存储单元配合使用，启动和连接到 Amazon EC2 实例，设置 Amazon Cloud Watch 警报，以及获取有关用户的账号和计费的信息，设置多用户身份和访问控制已创建资源的权限。

阿里云控制台提供了类似的管理服务功能，可以创建和管理计算、存储、数据库、网络等各类资源，并配置安全功能。其监控服务可用于收集获取阿里云资源的监控指标或用户自定义的监控指标，探测服务可用性，以及针对指标设置警报。用户可以全面了解阿里云上的资源使用情况、业务的运行状况和健康度，并及时收到异常报警而做出反应，保证应用程序顺畅运行。

亚马逊 AWS 云和阿里云服务处于商用公有云的第一梯队，功能强大、种类众多、性能稳定、文档齐全，是使用商用公有云计算平台的优先选择。云计算降低了高科技实现民用化的门槛，其支持的大数据处理和人工智能技术也变得触手可及，用户不用再操心信息基础设施的维护和管理，只需专注于如何利用数据创造价值，提供有效的服务即可。

第三节　基于云计算的人工智能

一、云计算与人工智能

(一) 人工智能概述

人工智能是一门新兴学科，是指在计算机研究的基础上，通过模拟人的部分思维过程和智能行为，突破较高水平的智能原理应用，制造与人脑智能类似的计算机。随着相关学者对人工智能的深入研究，人工智能突破计算机的学科领域。就思维观点来看，思维科学和人工智能之间存在理论和实践的相关性，而人工智能不只局限于逻辑思维的限制，还要将灵感思维和形象思维的应用考虑在内，唯有此，才能有效对它们充分运用，实现人工智能更加广泛的应用和突破性进展。

(二) 云计算与人工智能的联系

要促进人工智能的普及应用，必须以良好的云计算为基础，如人机对话的实现，要求大量的计算和存储功能。每个人在互联网环境下都有自己的云账号，要求有对应的智能机器人与之匹配，并进行针对性的个性化服务。用户可以借助移动设备，对疑难问题进行咨询了解，快速得到最直接的提醒和帮助。通过人机接口，将云计算与人工智能有效地联系起来，为确保人机之间的对话提供方便，促进对接顺利实现。

二、基于云计算的人工智能应用分析

(一)机器人操控阶段

机器人在云技术的支持下实现操控性能，可以将它们认为是由云和端两部分组成，其中，云的组成为大型服务器，而端的组成为可操控机器人。机器人离不开计算机芯片、机械臂、监控和行走等的功能支持。机器人操控阶段可以明确制定任务要求，通过计算机远程协助促进这些功能的实现。首先，在云上完成供求平台的构建，端用户可以在供求平台上进行清洁、维修等任务发布。其次，完成上述任务的人员可以在供求平台上接受任务，借助远程操控来完成要求的工作任务。该环境涉及用户的个人信息和费用支付等行为，所以一般要求用户注册时采用实名制，以确保出现错误时能够承担相应的法律责任。随着服务器群的不断强化和网络迅猛发展，对机器人的远程操控将更容易实现。机器人操控能有效提升人们的时间利用率，确保与全球生产力保持平衡，达到相互匹配。

(二)数据挖掘阶段

数据挖掘是基于云计算的人工智能应用的第二阶段，第一阶段主要在于云平台的搭建，而第二阶段是人工智能基础化建设的实施和完成。在用户端上通过数据采集系统实现对各项任务数据的采集，并传输到平台中心之后进行计算和分析，为用户提供最佳的解决方案。

(三)具备遗传基因的专家系统阶段

近些年来，基于云计算的人工智能在实用化的研究方面取得显著进展，呈现出更加广阔的发展前景，引起很多学者的重点关注，但这其中也暴露出一些问题，使一些专家认为，存在不确定因素影响人工智能的发展。第一，专家系统知识存储的主要来源为日常经验积累，与原理性知识接触较少，容易造成系统不能充分发挥有效作用。第二，从知识获取能力的角度而言，只有通过专家获取知识，才可以实现专家系统的设置和完成，但这样难以保持知识的完备性和统一性。第三，问题的解决方式较为单一，仍以推理机制为主，不能完全反映专家的整个创造性过程。第四，问题解决功能还不够强大。为了改善传统模式下专家系统存在的问题，遗传基因系统被提出并应用。如今遗传算法的应用被我们逐渐了解和熟悉，将遗传算法和数据挖掘紧密联系起来，显著改进了这些问题。综上所述，云计算和人工智能的发展和应用，是现代科学技术发展的结果，对于方便人们的工作生活、提高效率具有积极意义。基于云计算的人工智能研究和应用还不成熟，需要进一步探索，从而为人们的工作生活带来更多便利。

第四节　云计算及其关键技术

一、云计算发展现状与趋势

(一) 云计算发展现状

亚马逊网络服务（AWS）推出了其桌面，即服务（DaaS）WorkSpaces，进一步扩展其云生态系统。每个桌面都需要 CPU、内存、存储、网络及 GPU，而 AWS 提供了这些资源。在 PaaS 领域，亚马逊宣布 EMR 支持 Impala 之后，更推出了流计算服务 Kinesis。

中国移动 Big Cloud 目标是建立可为中国移动企业内部进行海量通信数据存储和处理使用的私有云平台，以及为社会大众和群体使用的公有云平台。

(二) 云计算的发展趋势

1. 云计算将提供一种新的计算模式和服务模式。云计算将是计算技术的一次重大变革，作为今后计算发展的潮流，将大大改变现有的计算模式，为计算技术领域本身以及各个应用行业都将带来重大的影响，提供更多的发展机遇。

2. 通过云计算，人们能获得前所未有的强大计算能力，并能按需分配，按需付费，提升了本地计算能力，但使用成本低廉，而且还能大幅削减不断升级软硬件系统的费用。

3. 通过云计算平台强大的计算和存储能力，人们将能完成传统系统所无法完成的计算和处理，开发出更强大的应用功能，提供更多智能化应用。

4. 云计算与物联网有重要的关联性，作为未来的人机物计算的重要组成部分，云计算关注的是服务器端技术，而物联网关注的客户和终端技术。

二、云计算的特点

(一)"无限"多的计算资源，强大的计算能力

出现越来越多的超大规模数据处理应用需求，传统系统难以提供足够的存储和计算资源进行处理，据预计，未来 10 年，数据量将从数百 EB 增长到数百 ZB 量级。云计算平台是最理想的解决方案，而云计算环境提供分布式存储模式，可以汇聚成百上千普通计算机的存储能力和计算能力，提供高容量的存储服务，

完全能够存放和处理大规模的图数据。它可以从海量的大数据中挖掘出用户所需的信息。

(二) 按需分配，弹性伸缩，取用方便，成本低廉

从经济和技术两方面来讲，云计算环境具有很强的弹性伸缩，处理数据量弹性变化的大规模图问题容易实现。云计算环境由价格非常低廉的计算机构成。随着数据规模的不断增大，可以向云中动态添加节点来扩展存储容量和计算资源，避免了传统并行机模式的巨大投资，并且可以从海量的大数据中挖掘出用户所需的信息。

(三) 资源共享，降低企业 IT 基础设施建设维护费用

在云计算业务提供对计算、存储、网络、软件等多种 IT 基础设施资源租用的服务。而云计算业务的用户也不需要自己维护和拥有这些资源。资源池中包含可快速分配和释放的可配置计算资源 (例如网络、服务器、存储、应用和服务)，并能以最小的管理代价或只需服务提供商开展少量的工作，就可实现资源发布。

(四) 透明的云端计算服务

资源的物理位置和配置等信息对于云计算业务的用户来说，是不需要了解的。

三、云计算架构

云计算有一个完整的结构框架，能够将硬件、网络、系统等资源进行弹性配置，配合一系列服务完成云计算系统功能。对于云计算系统结构框架按照计算机系统的层次结构进行设计，一般分为云计算核心服务层、云计算服务管理层以及云计算用户访问接口层等。

核心服务层主要针对硬件设备、软件系统以及应用服务作为其核心服务，通过弹性的资源配置、可靠的运行环境、抽象的服务功能，来满足不同企业的业务需求。服务管理层主要对核心服务层进行管理，在服务质量、服务安全等诸方面提供应用保障，使云计算系统提供的服务稳定、可靠、安全、高效。用户访问接口层提供云计算服务的访问接口或程序接口，企业可通过这些接口，为用户提供硬件服务、系统服务和应用服务，进行定制化配置和使用，访问方式则是网络终端向网络云的远程访问。

(一) 核心服务层

云计算系统核心服务是云计算提供主要功能服务层，一般分为 IaaS（Infrastructure as a Service）、PaaS（Platform as a Service）以及 SaaS（Software as a Service）3 个层次。

IaaS 是基础设施即服务，主要提供硬件资源的云计算服务，是将云计算运营商提供的硬件资源通过硬件虚拟化技术和数据中心管理技术，在硬件资源上部署企业环境、系统代码等，从而节约企业硬件成本的投入。IaaS 是云计算系统提供的最底层硬件资源服务，通过引入硬件虚拟化技术，通过 VMWare、KVM 等虚拟化工具，对硬件资源统一整合，对其虚拟化和统一分配。企业可根据实际需求，对虚拟化了的硬件资源、存储资源、网络资源等进行配置，将硬件资源上的代码部署在配置上，通过提供的用户访问接口，享受稳定的、定制化的、高效的云计算系统 IaaS 服务。

PaaS，平台即服务，是云计算运营商提供的虚拟系统平台，采用海量数据处理技术和资源管理调度技术提供给企业，企业可在系统平台上搭建数据环境或部署代码，从而节约企业操作系统的投入。PaaS 的云计算服务属于操作系统平台级别服务，用户不用关心操作系统硬件配置、操作系统配置，只需将工具、代码或者运行数据部署到 PaaS 服务提供的平台即可。对于底层硬件、网络的管理，则全权由云计算系统完成。由于 PaaS 服务层提供的系统平台大都为企业提供数据支撑，所以在云计算平台中，针对 PaaS 层的技术，更多的是针对系统资源管理以及进程、资源的调度方面，从而有效提升了服务效率，使用户享受到更高级、稳定的平台服务。

SaaS 是软件即服务，云计算系统运营商将已有的互联网应用程序服务，通过 Web 服务技术、互联网应用开发技术等，允许企业和个人直接使用，从而节约了开发成本和维护成本。SaaS 提供的应用软件一般是较为成熟的互联网应用系统，比如邮件系统等，企业在 SaaS 服务层中不必关心其代码维护、服务器维护和管理等问题，只需通过互联网即可实现从网络终端到网络云端的应用系统服务。此外，SaaS 的应用还大大简化了网络终端的服务压力，使用者不需要使用专门的个人桌面应用程序，只需通过用户访问接口即可享受 SaaS 服务。

(二) 服务管理层

云计算系统安全、稳定、可靠运行，需要服务管理层的支持。服务管理层为云计算系统提供了 QoS 的服务质量保证以及云计算的安全保护策略，同时，还提供了云计算系统的资源监控、服务计费系统等，以此保障云计算从技术层面和业务层面高效稳定运行。

QoS 服务质量保证是服务管理层的重点功能。从业务层面上来说，为了保障云计算系统用户良好的体验，可制定相应的服务水平协议。如果云计算系统提供的服务能力与用户协议中的服务水平一致，那么云计算就将按照用户缴纳的租金持续提供服务；如果二者不一致，则 QoS 服务保障机制就会报告云计算系统，系统将按照预定的方案进行维护，并对客户进行赔偿。

云计算系统是基于互联网的应用平台，开放性和共享性是其主要特点，云计算安全问题则成为整个系统的瓶颈。为了保障安全问题（包括自然灾害、人为攻击等）不会影响云计算系统稳定持续地提供服务，在系统中采用了数据加密、安全隔离、身份验证、访问控制等多重安全保障机制，从而有效保障云计算系统的安全运行。

(三) 用户接口层

云计算系统的用户接口层是企业享受云计算服务的连接方式，有两种连接形式：①包含命令行和 Web 服务接口的连接访问形式；② Web 门户的连接访问形式。第一种方式主要是为租用云计算系统的企业提供的开发接口，可以使用相应的 API 接口，对租用的资源进行配置和管理。第二种方式则主要针对一般的用户，通过 Web 形式，经过互联网即可享受云计算服务，实现桌面应用到互联网应用的转变。不同的云计算运营商之间，用户访问接口标准存在很大差异，这将限制云计算系统快速发展，所以目前很多 IT 龙头企业都在积极倡导云计算系统用户访问接口的统一和标准化，从而实现不同云计算平台的无缝通信、服务数据联通，乃至为构建统一云奠定坚实的基础。

四、云计算关键技术

云计算平台关键技术主要集中在数据中心管理的相关技术、虚拟化技术、海量数据存储技术、资源管理和调度技术、QoS 服务质量保证等，保障云计算平台稳定、可靠地提供服务。

(一) 数据中心相关技术

云计算平台多是对数据进行管理，数据中心管理相关技术是为保障云计算平台能够提供正常服务，其核心设计主要集中在数据中心的网络拓扑结构设计以及快速高效的数据处理和压缩技术，从而为云计算平台提供稳定可靠高速的分布式数据计算，有效提升云计算平台的运算能力。

云计算平台数据中心相关技术具有独特的特点，是传统的数据中心无法比拟的。首先，云计算数据中心相关技术在容错性方面有了很大提升，一般是结合大数据思想和相关技术实现对云计算数据存储和管理，能实现对数据的自动维护，对各种异常情况有很强的容错性，能够自动恢复和重新配置，从而保证服务的持续性。其次，云计算平台数据中心管理技术使用分布式存储思想，将海量数据按照一定的策略分别存放在互联网的服务器集群上，从而指数级地提升了数据存储规模，企业无须投入硬件存储成本即可实现对数据的大规模存储和管理。最后，云计算平台采用虚拟化技术，可以实现存储平台规模的无限和无障碍扩展，企业可以根据实际需求，在低成本投入的情况下，提升数据平台的高扩展性。

(二) 虚拟化技术

虚拟化技术是一种充分利用硬件资源的技术，在云计算平台中实现互联网上不同硬件设备的统一管理和统一分配，是云计算平台的核心技术。传统概念中，硬件和软件是一一对应的，一套硬件设备只能同时支持一套软件操作系统平台完成相关任务。虚拟化技术解决操作系统多用户多任务思想，在操作系统平台与硬件之间搭建一座软件桥梁，从而使得操作系统不再直接与硬件打交道，而是通过虚拟化技术，来实现应用程序与硬件设备之间的通信。虚拟化技术的应用，使硬件资源成为可动态分配的资源，多个操作系统通过虚拟化技术来动态请求硬件资源，实现了多系统平台同一硬件系统的应用，这也是云计算平台定制化功能和良好扩展性实现的关键技术所在。

虚拟化技术应用在云计算平台具有以下特点：①实现了硬件资源共享，允许多个操作系统或平台分享硬件环境，而彼此之间又相互独立，互不干扰；②资源定制化，虚拟化技术使企业用户可以按照自己的需求，任意定制需要的系统类型、型号、资源数量和配置等，从而在 CPU 数量、内存和磁盘空间大小等方面，满足其根本需求；③虚拟化技术实现了多平台共享硬件资源，提升了硬件资源利用率，提升了投入性价比，减少了资金浪费。

基于云计算虚拟技术，在云平台中可以实现虚拟机快速部署应用以及虚拟机在线迁移功能。

1. 快速部署应用。云计算虚拟机快速部署应用，是通过在云计算平台中构建虚拟机平台的各种模板，同时，根据实际的共组需求，模板中预装各种工具和应用。用户只需要在访问云平台的虚拟机部署中选择相应的模板和网络配置（可以根据需求选择DHCP 和静态 IP 设置等多种方式），云平台即可在几分钟到十几分钟的时间内自动部署所需要的平台。在使用过程中，用户可以根据需求自动调整 CPU 数量、内存或磁盘空间大小、配置 snap-shot 或回滚等操作，无须在操作平台上花费太多时间。

2. 在线迁移应用。虚拟机的在线迁移应用是指在操作系统运行的状态下，在不同的物理机设备上实现无缝迁移的一种技术。最初的虚拟机在线迁移技术是通过 pre-copy 的迭代预复制技术，来同步迁移虚拟机的，而最新的虚拟机迁移技术在此基础上进行了提升，可以在 WAN 中快速实现虚拟机迁移。虚拟机在线迁移技术的应用对于云计算系统平台管理意义重大。首先，通过虚拟机在线迁移技术，可以很容易针对服务持续性要求，启动系统实现双机运行环境，即在主服务器发生故障或需要维护时，快速将运行的应用移植到另外的物理机上，这将大大提升应用系统的稳定性和可靠性。此外，使用虚拟机在线迁移技术，很容易构建负载均衡机制。通过构建多个同样状态的虚拟机，在某个机器运行负载过重时，即可将其他负载转移到另外的机器上，从而提升应用系统的使用性能。

(三)海量数据存储技术

云计算系统在平台级别的应用中，很多时候是对海量数据进行存储和管理，例如目前的百度云盘、360 云盘等，各种网络运营商都在提供自己的云存储服务，云存储服务需要应对大量用户的海量数据存储和管理。在云计算环境中，海量数据存储技术能够保障网络服务供应商的云存储服务有效运行，同时还能保障存储 IO 的性能以及数据的安全性和可靠性。

不同的云计算系统提供的云存储服务实现技术可能有所不同，但从整体上看，其在体系结构、运行机制等方面大同小异。以 Google 公司的云存储 GFS（Google File System）为例，说明海量数据存储技术的关键结构。

Google 公司的 GFS 系统分为两大部分：①文件元数据管理的 GFS 管理节点；②实现数据存储的、分布在互联网络各处的 GFS 存储服务器。GFS 文件系统通过管理节点，对各个存储服务器进行管理。在管理节点中，存放了文件存储的地址、具体位置、文件大小等，而存储服务器则是存储用户数据的地方。当用户通过 GFS 客户端访问云存储，并进行文件存储或读取时，首先要将文件名通过管理节点进行存储或者索引存储和查询，而后根据管理节点反馈的信息，将相应数据存储到服务器中，或者从存储服务器中读取相应数据到本地客户端。这些操作由 GFS 文件系统来实现，企业用户就像访问一个存储系统一样，直接实现文件的查询、上传、下载。海量数据存储技术的应用，使得云计算平台能够实现分布式数据的存储和管理，将文件存储和管理的压力分散到互联网的各个服务器，从而有效提升整个云计算系统的性能和文件 IO 吞吐率，极大方便了企业用户的使用。

云计算平台通过自身的系统框架，为企业用户提供 IaaS、PaaS、SaaS 服务，通过云计算平台的数据中心相关技术、虚拟化技术以及海量数据存储技术，实现各种服务的有效运行，从而降低企业建设成本和维护成本，为企业创造更大效益。

第五节　云计算平台与传统服务平台

1959 年，英国科学家克里斯托弗发表了一篇关于虚拟化的论文，而虚拟化又与云计算基础架构密切相关，从而揭开了云计算平台的序幕。但之后云计算的发展比较缓慢，直到 2005 年，亚马逊公司的云计算平台建立以后，各种企业的云计算平台才像雨后春笋般涌现出来。

一、云计算平台与传统服务平台的发展概况

(一) 云计算平台

从20世纪50年代末至今，云计算平台的发展不过50多年的时间，但是它的出现，却带来了数据存储领域的巨大变革。1959年，克里斯托弗教授在英国发表了一篇关于虚拟化的论文，而虚拟化对云计算的基础架构有着重要影响，此后，一系列有关云计算的研究开始展开。但之后十几年间，云计算仍处于理论研究阶段，直到1999年，马克·安德森创建了 Loud Cloud 平台，这是云计算历史上的一次重大的革新，因为这是世界上首个商业化的云计算平台，标志着云计算由理论研究进入了生产应用领域。而在2005年，亚马逊公司的云计算平台建立后，包括阿里、腾讯公司在内的一大批企业云计算平台，也都随之发展起来。云计算不光能为本企业提供数据处理和存储服务，同时，也能为中小企业提供相关的服务，从而创造价值，产生财富。例如，在2017年，云计算平台预计能为微软公司创造将近200亿美元的利润。不仅如此，近两年来，云计算业务早已成为微软、亚马逊等互联网巨头最重要的盈利来源。而相比外国成熟的云计算平台，我国的阿里云、腾讯云等公司仍处于发展的初期阶段，但相信随着云计算平台在更多领域的应用和普及，中国的云计算平台有着广阔的发展空间。

(二) 传统服务平台

传统服务平台主要指以 IDC 数据中心为代表的服务平台，它是一个互联网数据存储和数据流通中心。IDC 平台出现的具体时间无从考证，但可以肯定的是，随着第三次科技革命后计算机以及互联网的发展，传统服务平台才在世界各地建立起来。在过去

几十年间，通过 IDC 平台的服务，数据可以得到妥善的处理和存储，世界各地的人们得以畅享网络带来的乐趣。但随着时间的发展，传统服务平台的弊病也暴露出来。信息爆炸的时代使得容量有限的 IDC 平台不再满足人们的存储需求，运行效率低以及维护成本高使得运行成本居高不下。此外，相对孤立的应用系统造成资源的不共享，形成信息孤岛，这就不符合时代潮流发展趋势。

二、云计算平台和传统服务平台的对比分析

(一) 服务类型方面的区别

传统的服务平台可以分为实体服务器托管和租用两种类型，实体服务器一般是用户自行购买硬件发到机房进行托管，并且期间设备的管理和运行都由用户企业自己完成，而数据中心则提供网络维护、IP 地址接入、宽带接入等服务。与前者不同，租用由传统服务平台租用实体设备给客户使用，之后还要负责设备的运行与维修，用户就不必再购买硬件设备。但云计算平台提供的服务是从基础设施到业务基础平台，再到应用层的连续的、一体化的全套服务，所以相比传统 TDC 服务平台，云计算效率更高，让用户更省心。IDC 数据中心将规模化的硬件服务器整合虚拟到云端，为用户提供的是服务能力和 IT 效能。用户无须担心任何硬件设备的性能限制问题，而且还可获得具备高扩展性和高可用性的计算能力。

(二) 开放性方面

不同于互相孤立、无法共享的传统 IDC 服务平台，云计算平台在资源共享、信息互通等方面做得较好，极具开放性。从专业角度来看，传统的服务平台大多采用竖井式部署，各个应用系

统相对孤立，无法实现资源的共享。但在当今互联网大发展的时代，信息畅通、资源共享是大势所趋，所以封闭保守的传统服务平台，已经不能满足时代变革的要求。在这种情况下，开放的云计算平台就被广泛应用。并且在云计算平台运行过程中，由于有不同类型应用、服务等接入，所以要求云计算平台在开放性方面做得更好。比如通过采用适应性更好、开放程度更高的操作系统来提高平台的包容性和开放性。

(三) 扩展性方面的区别

众所周知，传统的 IDC 服务平台需要自建基础设施。不但如此，传统服务平台的扩展，需要占用大量的机房和场地，并消耗许多电线、电缆等辅助材料。而新兴的云计算平台则与之不同，云计算平台的资源是动态扩展的，并且呈现虚拟化的形式，所以从理论上来说，云计算平台具有无限扩展性。

(四) 运行成本方面

云计算平台是一种新型的商业模式，不同于自建基础设施的传统 IDC 平台，通过租用的方式来进行数据的处理和存储，从而省下了建设实体数据中心的费用。而且相比传统服务平台高昂的运行、维修成本，云计算可以对租用的资源进行合理压缩，从而使得成本大为下降。最后在运行效率方面，云计算平台的资源利用方式更为灵活，技术也更加先进。这些因素促使整个服务平台的运作效率大为提高。此外，企业可以专注于内部业务的开发与创新，而不必像以前一样要兼顾服务平台硬件设备的管理与运行。通过这种有效的责任划分，云计算平台服务商可以提供稳定高效的服务平台。二者间的分工合作使得平台的运作效率得到提升。

随着互联网的发展，云计算平台的重要性将会进一步显现，而从两个平台的简单对比中不难发现，云计算平台不论在开放性、扩展性，还是在运行效率方面，都有显著的优势。这启示我们未来传统服务平台可能走向没落，相反，符合时代趋势的云计算平台，会逐步取代前者的地位，成为主流的数据服务平台。

第六节　大数据和云计算平台应用

大数据由字面意思可以知道，其数据量是非常大的，普通的单机处理系统已经无法进行对大数据的处理，这时需要应用到云计算平台，它正好可以弥补单机系统对大数据处理的不足，通过自己新颖的信息处理方式，来进行大数据的有效处理。通过对大数据和云计算平台的应用，为人们的生产生活带来巨大的经济效益。

一、大数据和云计算平台的优势

大数据由于其自身特点数据量巨大，以前传统的计算机数据处理模式已经无法再适应对大数据的处理，大数据的处理，需要一种新的处理模式来进行支撑。大数据不仅数据量巨大，并且种类繁多，信息更新快，里面隐藏着巨大的价值，需要人们去开发利用。云计算技术正好可以支撑大数据的信息处理，可以为大数据提供便捷、高效而又安全的数据应用服务。

大数据和云计算平台综合了多种技术，例如虚拟化技术、分布式海量数据存储与管理以及分布式并行编程技术。云计算可以进行数据密集型计算，这正好符合大数据的海量数据以及类型较多的特点。云计算的信息处理模式很新颖，它是将数据的处理分散到其他电脑上进行，可以对数据进行及时的调用以及动态调整，这种新颖的处理模式可以在很大程度上提高数据处理的速度。

同时，大数据和云计算平台可以使用虚拟化的处理，将网络资源以及电脑本地的资源进行统一的调度和整合，从而使得信息资源最大化地被利用。另外，由于大数据和云计算平台有很好的契合度，可以与其他各种系统匹配应用。大数据和云计算平台具有很多优势，社会应用广泛。

二、大数据和云计算平台的应用

(一) 对数据进行有效管理

大数据和云计算平台可以对数据进行有效的管理，它可以将数据按照一定的准则放入不同的区域中进行处理。平台可以针对不同种类的数据，采取不同的评判准则，实现海量数据的细化处理，将巨大的数据分门别类，进行有效整合。大数据和云计算平台的这种数据管理模式具有很好的灵活性，不仅仅能够将巨量的数据进行处理，还可以针对其类别进行处理，使得数据处理具有极强的稳定性。同时，大数据和云计算平台的兼容性很强，能够进行跨平台合作。

(二) 提供决策依据

如今是一个多元化的社会，企业中产生的数据不仅数量巨大，而且种类繁多。企业通过大数据和云计算平台的应用，可以有效地帮助处理这些复杂的数据，将数据进行整合，为企业做决策提供依据和支持。

企业可以针对自己的业务场景在应用大数据和云计算平台数据分析时，加入相应的处理逻辑，这样可以使得大数据和云计算平台对数据的处理能够更贴近企业的实际业务，企业能够根据自己的标准来获取数据信息，为企业做出决策提供数据支撑，从而制定出科学合理的战略方针。并且大数据和云计算平台可以为企业提供决策模拟，可以对数据信息进行验证，得到模拟结果，根据结果，可以帮助企业在策略上进行优化。

(三) 保证数据信息安全

大数据和云计算平台不仅仅能够快速地处理数据，而且还可以保障数据信息的安全性。对于数据的来源进行安全扫描，进行核查和检测，确认安全才能接收。对于来路不明的数据，坚决抵制在外。同时，平台在处理数据时会保证数据的完整性，不会出现数据缺损等情况。

三、大数据和云计算平台的具体应用分析

大数据与云计算平台的应用可以快速处理相关的信息，还可以为用户提供安全的处理环境，避免信息遭受破坏，在收集数据时，可以确认相关信息，确定合法合理时，才可以访问，下面就以钢铁企业和林业为例，来分析大数据和云计算平台的应用。

(一) 在钢铁企业上的应用

在钢铁行业是存在很多数据的，比如钢铁的溶解温度、设计成不同的钢铁类型，需要不一样的温度和模具等等。这些方面都涉及很多的数据类型，同时，也涉及很多文档的存档。这时候，就用到了大数据和云计算。大数据可以对钢铁的数据信息进行处理，然后将处理之后的数据信息存到"云端"。通过大数据处理

的信息，其准确度比较高，可以减少工作的失误。将正确的信息储存到"云端"之后，就可以长久地保存，也方便下一次的使用。对大数据和云计算的使用，可以很大程度地提升钢铁企业的生产效率和产量。

(二) 在林木业的应用

林木业的发展是我国绿化的根本，较好地发展林木业，能更好地保护我们的生存环境。对于林木行业，需要知道每年都种植了多少棵树木、砍伐了多少棵树木、有多少类型的树木、分别处在树林的什么位置，这些信息都需要以数据的形式记录下来。这就要使用到了"云"。将这些数据储存在"云端"，可以保证数据的安全性。还有，对于每年应该种植多少树木、应该种植什么类型的树木，都是需要进行合理周密的计算的。这也需要使用大数据和云计算。

任何一项技术的发明，都是因为需要。大数据和云计算也是这样的。因为我们现在有需要，需要处理更多的数据、需要记录更多的信息、需要更加方便地提取信息，于是就出现了大数据和云计算。大数据和云计算确实为我们的工作和生活提供了很多的便利，但是，我们还是要合理地看待它们的功能，不能过分地依赖大数据和云计算，对于某些小型的计算，还是可以考虑以前的计算方法。

第二章

云计算环境下的
数据共享平台构建

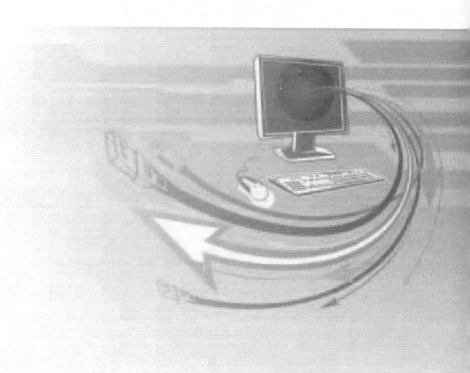

第一节 云计算中数据资源的安全共享机制构建

一、云计算数据安全因素保护问题

在云计算数据安全保护方面，主要有三个方面的因素是重点的安全问题，一是应用层安全保护问题，二是管理层安全保护问题，三是底层硬件基础设施安全保护问题。

(一) 应用层安全保护问题

应用层对用户访问进行安全保护，对应用接口的访问控制和认证、授权、审计等。因为云计算服务面对的用户数量大、类型多，所以云计算服务要对用户身份进行创建，并对用户身份进行监管，设立约束条件对用户访问进行控制。用户使用云计算服务系统将资料存储在云计算环境中，由服务商对数据的安全进行负责，存储形式的转变要保证用户上传的数据能够完整存储，而受用户上传数据类型的多样性影响，数据的完整性保护存在安全因素问题。

(二) 管理层安全保护问题

管理层是硬件基础设施和应用层 Web 服务的中间层，其不仅会受到外部攻击，而且还要保证云环境中的数据完整性。外部攻击主要包括非法侵入、拒绝服务攻击等手段，要采用各种安全技术构建安全防御体系。内部防范要对云计算提供的服务以密文形式进行数据存储，制定服务水平协议，建立规范的管理流程规避风险。采用密码学公钥基础设施 PKI 进行安全保护，会加大系统计算、存储和管理的负担，这加剧了管理层安全保护体系的计算压力，导致公钥基础设施对系统正常运行造成拥堵。

(三)底层硬件基础设施安全保护问题

底层硬件基础设施作为数据的存储、访问与运算的最基本功能设施，不仅要保证硬件的安全，而且要保证虚拟化技术的安全。硬件安全要对服务器主机等设备的安置进行保护，保证机房的标准化，供电、防水、抗震、消防等设施符合安全要求，设置灾难恢复策略，构建双数据中心。在主机虚拟化方面，保证镜像文件与用户应用相关联，必须要对镜像访问数据的完整性和安全性进行保护，防止非法用户对数据进行窃取和破坏。

二、云计算中的物联网安全风险

云计算与物联网融合过程中，涉及海量的用户敏感数据，如果受到安全攻击，会导致数据泄露，给个人和企业用户造成不可估量的损失，因此，建立安全的基于可信计算的物联网系统，成为目前亟待解决的问题。

物联网网络体系结构根据功能划分为3层：用于采集信息的感知层、传输数据的网络层、直接面向用户的应用层。由于物联网的分层结构在具体实现过程中的标准不一致，导致每一层都存在相应的风险。

(一)感知层安全风险

感知层主要使用无线射频设备、传感器、信息采集设备等硬件进行外部信息的感知与采集，由于感知节点的设备运行能力较低，加密技术难以大规模推广，因此该层最容易受到外部的恶意攻击，常见攻击如Ddos攻击、远程节点控制攻击、匿名认证攻击等。

为了保护感知层的数据安全，可以使用 TPM 芯片技术，在感知层节点间建立"可信"关系，然后由可信节点构建可信感知层平台，阻止恶意攻击者进入感知层平台而获得敏感数据。只有通过可信平台的验证与密钥交换，才允许进行数据交换，从而确保了感知层的安全。

(二) 网络层安全风险

网络层主要的任务是负责将感知层获得的数据，通过网络传送到后台计算机进行处理。由于在网络层的实现过程中，协议标准的不一致和网络设备认证的安全性问题，在网络层可能会频繁出现中间人攻击、用户认证匿名攻击等。为了解决类似的安全问题，2008 年，TCG 提出了可信网络连接架构 (TNC)。TNC 很好地将可信计算应用在网络层中，通过建立统一身份认证平台，对接入网络的终端计算机进行认证。然后对认证的结果进行智能化评估，评估指数高意味着终端计算机符合网络层的安全策略，否则将禁止其登陆网络，通过这样的认证过程对外来恶意攻击进行拦截，能够起到较好的效果。

文献提出了一种网络层安全模型，通过可信计算技术，建立认证服务器，对查询用户的可信性进行身份认证，提高了网络层应用的安全性与稳定性。

(三) 应用层安全风险

应用层由于用户对信息处理的不同需求，以及各种集成环境的复杂性，导致安全风险主要来自对终端计算机的应用程序攻击与数据泄露威胁。为了提高应用层的数据安全性，各大 IT 厂商针对 TCG 规范的要求，推出了很多符合安全规范要求的计算机终端产品。通过建立可信计算环境，对终端内容建立保护机制，国内学者利用可信计算思想构造可信 PDA 的体系结构和安全机制，并在此基础上研制出了我国第一款可信 PDA 的原型机。

将可信计算运用在物联网安全体系的构建中，对三个层次的数据采集与处理过程提供安全保护，通过建立可信节点，从感知层开始构筑信任链，从而进一步实现可信的应用环境，为物联网的稳定发展提供技术保障。

三、基于云计算的可信物联网安全机制建立

(一) 提高云计算的安全性

云计算的优势在于海量数据存储和大数据计算，如何保证云计算系统自身的安全与稳定性，是建立可信物联网平台的基础。要从设备安全、网络传输安全、后台数据库安全等方面做好预案，在受到外部攻击的时候，云计算平台能够快速部署防御措施，做好数据的同步云备份，在数据遭到破坏的时候，可以实现智能恢复，从而真正确保了用户数据的安全性。

(二) 基于云计算的可信物联网平台

针对物联网的三层体系结构中面临的风险，将云计算应用在物联网安全体系构建中。

1. 提高感知层安全性

构建可信物联网安全体系，要将着手点放在感知设备的安全性提高上，由于物联网中大量的感知节点的安全性较低，多数处在无人部署状态下，监管效果较差，因此这部分设备受到攻击的概率很大，而且一旦被攻击，将会造成原始采集数据的泄露。

对于感知层的数据加密问题，可以采用基于椭圆算法的不对

称加密机制，以防止数据被非法用户获得。为了保证在物联网应用中广泛使用的 RFID 标签安全性，提高海量采集数据的认证效率，可以采用基于 T 树的改进内存索引结构算法。

2. 提高数据传输和存储过程的安全性

由于云计算的特点，后台数据库的地理位置较为分散，在物联网感知节点采集到大量数据后，如何确保数据安全稳定地到达后台数据库，是网络层面临的主要问题。因此在保证云计算效率的前提下，要采取有效措施，提高网络认证与传输的安全，优化大数据量的网络访问能力，为用户提供高效与安全的网络数据服务。

3. 提高应用层安全性

在应用层中，通过可信平台节点认证，建立物联网的信任链，保证用户的合法性，用户操作的可追溯性得到进一步明确。使用可信节点数据汇总的数据库，实现用户与数据库之间的双重认证，提高了应用层的数据安全性。

在云计算平台中，用户隐私数据的保护成为首要任务。为了避免用户隐私数据的泄漏，物联网系统采集的敏感数据使用加密的方式存储在云平台的服务器中，后期对于加密数据处理，要兼顾数据安全性和后台应用程序的可处理性，如何解决两者之间的问题，也是目前需要关注的地方。目前国内外学术界研究的热点集中在基于数据失真的技术、基于数据加密的技术和基于限制发布的技术等三个方面，主要代表算法有 2002 年 Samarati 和 Sweeney 提出的 K- 匿名算法、2006 年微软研究院 Dwork 提出的差分隐私模型等。

同时，云计算和物联网的智能融合，也能够满足用户在物联网的各个应用层次享受云计算的服务，如云认证、云防护、云杀毒等，给用户提供更好的使用体验。

物联网的快速发展，对于网络传输安全和用户数据安全，提出了新的课题。在物联网应用中，加快与云计算平台的融合度，是未来技术发展的必然趋势。借助云计算的巨大优势，构建可信物联网体系，能够让物联网为用户提供一个真正可信、可控和智能化的环境，更好地推动物联网产业的发展。

第二节　云计算与大数据的教育资源架构

随着移动互联网、云计算、物联网等技术的飞速发展，数据正在快速地增长和累积，大数据时代已经来临。大数据是指用常规软件工具难以抽取、管理和处理的数据集。大数据不仅在于数据量之大，而且在于数据的层次复杂、非结构化，其处理方式注重采用预测分析法及其他高级分析方法挖掘潜在价值，服务于稳健决策。在教育教学领域，教育管理信息系统、学习管理系统、教育 APP 以及可穿戴设备等，可以记录大量的学习者个体数据、学习过程数据以及学习环境数据，这些数据即是教育领域的大数据主体，具备数据体量大、类型多样、输入输出速度快、真实性等特征。透过这些数据，可以对学习者和教育教学过程进行多维度、立体化的分析，即时描述学习现状，甚至预测学习结果，以便做出及时有效的教学干预，提高教学效果。

数字教育资源是为达到一定的教学目的而设计与开发，支持教学活动开展，以数字化形态存储的课程材料。数字教育资源作为教学内容的载体，直接面向教师和学生，其服务质量的高低直接影响了可用性。近年来，大规模在线开放课程、微课、微教学视频等多种新型数字教育资源的出现，从形态和服务上都为用户提供了多元化选择，改善了用户体验。然而，数字教育资源服务仍存在与需求不匹配、缺乏动态适应性等问题。因此，探讨大数据对数字教育资源服务的影响，分析大数据背景下数字教育资源服务的内涵、特征和服务模式，为改进数字教育资源服务质量探索新的途径。

一、数字教育资源服务中的大数据类型

数据是服务的基础，服务的过程既要利用数据，也会产生数据。梳理数字教育资源服务过程的大数据，以便分析数字教育资源服务的内涵和特征。在移动互联网、云计算、物联网以及人工智能等技术的支持下，在数字教育资源服务过程中，可以获取以下类型的大数据。

(一) 学习者生理监测数据

可穿戴设备是人体所佩戴，能够实现特定的业务功能，并实现各类生理数据收集，进行持续交互的智能设备，目前正广泛应用于民众的社会生活。据国际数据公司（International Data Corporation, IDC）调研分析，2015 年，可穿戴设备的出货量为 4570 万台，比 2014 年的 1960 万台增长 133.4%，2019 年预计出货量为 1.261 亿台，2015 年到 2019 年年平均增长率为 45.1%。可穿戴设备应用于教育领域，能监测学习者的各类生理数据，如心率、血压、体温、皮肤电信号。如 Muse，它是一种头戴设备，内置多个传感器，监测学习者的脑电信号，能够通过蓝牙网络与手机 App 连接，自动传输脑电数据，从而分析学习者的学习参与度。通过可穿戴设备，这些数据经由无线网络传输到大数据采集中心，进行处理和分析，以判断学习者当时的生理和心理状态，从而采取

合适的教学策略，改进教学的有效性。

(二)学习环境动态监测数据

随着信息技术的发展，创新实践活动逐步开展，学习环境逐步趋向室内和室外结合、现实和虚拟融合。尤其是物联网技术，使得走进自然、观测自然、深入探究自然规律，成为教学活动的重要组成部分，学习环境也由教室扩展到自然环境。物联网在教育领域应用的典型案例，如非洲三星工程技术研究院开发的光能教室原型，完全采用光能供电，针对非洲高热天气配备温度控制系统，自动调节室内温度，且通过 3G 网络将教室内所有设备连接起来，如电源、冰箱、文件服务器、路由器、摄像机等，以便于远端实现对教室设备的控制以及对教育教学活动的监视。应用物联网技术，感知室内学习环境的各种自然因素，包括声、光、温度、空气质量等，这些都可以量化，作为大数据的来源，对其存储和分析，以自动调控各项参数，为学生创造更适于学习的条件。同时，也可采集室外学习环境的数据，如野外植物生长环境，包含经纬度、海拔、温度、湿度、光照、气压、风速、土壤等，支持学习者开展探究式学习，培养创造性思维。

(三)学习过程记录数据

以往的学习评价注重学习结果评价，对于促进和改善学习过程，虽然能起到一些作用，但还远远不够，而能够起更大作用的评价，应该是学习过程评价。学习过程评价需以学习过程记录数据为基础。在信息化课堂教学环境中，方海光等人提出了基于 PAD Class 模型的学习过程分析，数据类型包含互动、评价、作业、测试、学习结果以及活动等。针对在线学习环境，Verbert 等人提出了一个用于描述学习过程中学习者行为的模型，其包含数据类型和数据项，行为类型包括试误、创建/删除、写入/编辑、选择/去选、搜索、发送/接收、注册/移除注册、接收/拒绝(交友)、打开/关闭、添加/移除、标记/注释、评级、请求帮助、保存/下载，登录/退出；情境类型包括时间(时间戳和停留时间)、位置、应用、活动以及影响。在大数据背景下，无论是信息化课堂环境，还是在线学习环境，这些学习过程中的数据都可以记录下来，存储、汇总和分析，便于实时了解课堂教学情况以及学习者的个体情况，为个性化教学提供支持。

(四)人际网络关联数据

联通主义学习观认为，学习就是形成内部认知神经网络、概念网络和社会网络三个基本网络及其连接的过程，个人知识组成网络，该网络又融于组织和机构的学习中，反过来，组织和机构的学习又反馈到个人网络中，并继续为个人学习提供支持。由此，学习者的人际网络即是学习的一部分，其在促进学习者构筑个人知识网络过程中，发挥着重要作用。人际信息交流的基本结构模式有三种：来复式信息交流、汇流式信息交流和网络式信息交流。前面两种分别属于"一对一"和"一对多"的形式，而最后一种则是"多对多"形式，是虚拟世界中典型的人际关系网络，其结构呈网状。在 Web 2.0 时代，人际网络趋于线上和线下融合、现实和虚拟融合，人际网络结构为以上三种模式的结合，属于典型的自组织的复杂网络，具备无尺度网络的拓扑结构特征。学习者人际网络中关联的人员、人员之间的关系、小组的结构、组与组的关联形式等都构成大数据的来源。挖掘和利用这些数据，对于建立合理有效的数字教育资源服务模式，具有很大的启发意义。

二、大数据背景下数字教育资源服务的内涵与特征

在大数据背景下，数字教育资源服务过程中可采集的数据类型多样、层次多元、结构丰富。数字教育资源服务以数据为基础，这些数据的挖掘与利用，将在一定程度上改进数字教育资源服务。因此，需进一步探讨数字教育资源服务的内涵和特征，从而建构数字教育资源服务的新模式。

(一)大数据背景下数字教育资源服务的内涵

《辞海》对"服务"一词的定义如下：不以实物形式而以提供活劳动的形式满足他人某种需要的活动。由该定义可以看出，服务包含两层含义：一是服务对象向被服务对象提供劳动，而不是实物，因而在服务过程中，服务对象并没有实物的消耗，服务对象的劳动形式、内容以及被服务对象在服务过程中的体验决定了服务的质量；二是必须满足被服务对象的需要，这种需要在服务前确定，既可由被服务对象提出，也可以是服务对象探测和告知，并由被服务对象认可，服务结束，需求即得到满足。

在《国民经济行业分类（GB/T 4754–2011）》中，数字教育资源服务属数字内容服务的一种类型。服务对象为数字教育资源提供方，如各类数字教育资源服务商、各级各类教育部门和组织的数字教育资源库、非营利型数字教育资源共享平台等。被服务对象为教师、学生、家长及教育行业的相关用户。数字教育资源服务是为满足各类用户的教育教学需求，为其提供资源检索、下载、订阅、上传等功能，支持其完成资源查找、整理和应用的活动过程。

基于此，笔者认为，在大数据背景下，数字教育资源服务即是借助移动互联网、云计算、物联网等技术，获取学习者生理监

测数据、学习环境动态监测数据、学习过程记录数据以及人际网络关联数据，通过对这些数据的整合、统计和分析，为用户提供实时、个性化和精准化的服务。

(二) 大数据背景下数字教育资源服务的特征

在大数据背景下，通过对数字教育资源服务过程中各类数据的搜集、统计和分析，并加以有效利用，使数字教育资源服务呈现出动态性、精准性、关联性和实时性等特征。

1. 动态性

数字教育资源服务的动态性是指数字教育资源内容的动态性呈现，其体现在两个方面：一是学习资源内容根据不同学习者的需求和学习者自身知识水平的不同而进行动态的调整与组合，向学习者提供知识服务，即从各种显性和隐性知识资源中，针对学习者的需求，将知识精炼出来，有针对性地解决用户问题；二是借助于物联网等新兴技术获取现实世界的动态性教育素材，在科学探究类课程教学中，在物理环境中实际操作，使得学习者获得更真实、更直观的体验和感受。借助物联网技术，通过远程实地布置和操控传感器节点，并将实验数据回送的方式，既可以降低经费，缓解校外实践和校内课堂教学的冲突，又便于组织学生观察，降低活动危险性，有利于长期观测以及进行跨学科研究。

2. 精准性

以往，借助人工智能技术，数字教育资源平台能在一定程度上针对学习者特征推送相应的服务。但受限于数据样本小，且对用户的个体数据捕捉和挖掘不够，难以真正有效地满足用户的需求。在大数据技术支持下，通过对海量用户数据的收集，建立的用户模型，能更好地和当前用户相匹配，同时，通过对用户的生理监测数据、环境动态监测数据、学习过程数据以及人际网络数据的提取和实时分析，更能精准地定位用户的需求，从而为用户提供精准化的数字教育资源服务。数字教育资源服务的精准性包含两个层面：第一，用户需求的精准化描述，收集用户过往查找资源的记录，发现用户兴趣和行为模式，结合用户模型，描述用户当前需求，并预测其后的行为，同时，支持用户使用模糊语义自定义的需求，获取半结构化的数据，借助深度学习技术，将其转换成精确的资源需求；第二，资源提供的精准化，因为数字教育资源的服务不仅将所需资源推送给用户，还要在用户应用的过程中提供支持，所以除了用户需求描述的精准化以外，还需做到资源提供的精准化，即在描述用户需求后，有针对性地在特定时间为用户提供特定内容、形态的资源，同时搜集用户的反馈意见，适时调整，契合不断发展变化的需求。

3. 关联性

随着网络技术的发展，网络和虚拟组织成为构建合作关系的新形式。在大数据背景下，数字教育资源服务过程中，为学习者提供了建立人际网络的便利条件。学习者拥有高度的自主性，可以根据学习课程内容和个人兴趣自发地建立连接，进行交流、协作，即学习的自组织，如实时或非实时的讨论群组、虚拟社区等；同时，课程组织者也可以设定学习主题、安排专家互动、推荐学习资源、促进分享和协作，承担大量后台支持工作，即学习的他组织，如论坛、博客、Moodle 平台、Second Life 类的虚拟立体空间平台等。在国家教育资源公共服务平台中，无论是学生、教师，还是家长，都可以在该平台中加入线下所在的学校和班级中，并且每个注册过的用户都有个人主页，可以在该主页中上传学习资源、个人文章等；也可以去访问他人的主页，对于感兴趣的主页，可以进行关注，建立关联。无论是自组织，还是他组织，在学习过程中，都是形成一种动态的联盟，进而形成知识网络。知识网络即学习角色之间的社会网络，其目的在于实现个人、团体、组织及跨层次间的知识创造与传递。依托大数据技术，数字教育资源服务充分挖掘学习者人际网络中相关联的个人、组织等，以学习者建立人际网络为基础，进而丰富和扩大学习者的知识网络。

4. 实时性

在大数据背景下，数字教育资源服务的实时性体现在两个方面：其一是教育资讯服务的实时性，数字教育资源服务平台中可以内嵌新闻版块，为各类用户提供教育讯息，如教育快讯、专题报道以及实况直播等，实况直播是对某一教育事件的实时视频或文字报道，让用户了解第一现场情况，并且借助大数据支持的人际网络关系相互推荐；其二是课堂教学活动分享的实时性，在一些贫困偏远地区，教学师资薄弱，甚至缺乏，依托网络技术，可以开展一校带多校的实时同步课堂，一名优秀教师在给本班授课的同时，还可以教授多所学校的学生，而且能组织分属异地的学生同时参加教学活动，使得优秀师资得以共享，改善贫困偏远地区的师资水平。如成都七中的同步课堂，教师的图像、声音、文字、图片、多媒体动画、视频材料等同一时间呈现在成都七中与远端学校的学生面前，远端学生实时参与成都七中的教学活动，并与七中教师进行实时双向交流。此外，还有安徽在线课堂，由城区学校或中心校优秀教师主讲，将优质音乐、美术等课程，实时传输到农村教学点，并与教学点教师共同辅导学生学习。以上两种典型案例都是借助信息技术环境，将数字教育资源和教学活动进行实时共享，体现了数字教育资源服务的实时性。

三、大数据背景下数字教育资源的服务模式

在大数据背景下，数字教育资源服务被赋予了新的内涵与特征。数字教育资源服务的规模可分为公众、群体和个体三个层级，由此，可将数字资源服务模式分为基于共建共享的云服务模式、基于群体定位的服务模式和个性化追踪服务模式。

(一) 基于共建共享的云服务模式

以云计算技术为基础，在大数据背景下，可构建基于共建共享的数字教育资源云服务模式，由资源层、平台层和用户层组成，每个层次相互关联，但可以独立进行开发，以保证系统的最大扩展性。资源层主要是分布式的资源库，数据管理系统依托云端环境，将分布于不同地域的各类资源聚合，使其形成具有海量数据资源的数字教育资源库，其在平台层提供应用。平台层除了提供资源本身外，还提供相关的服务系统，包括资源管理系统、实时资源系统、学习管理系统及社区论坛等。资源管理系统汇集了各类资源，对资源进行有序的管理和分类。实时资源系统主要围绕实时教育资讯和课程进行服务。学习管理系统，即针对用户使用资源的过程进行服务与管理。在论坛社区中，教师可以创设个人的课程讨论板，并在其中组织学生进行讨论活动。而学习者也可以自己组建讨论组，实现师生、生生之间的讨论交流。用户层中，用户通过简单的终端设备和互联网即可访问平台，利用和分享数字教育资源。

该服务模式基于云计算技术、大数据技术，支持数字教育资源的共享和运用，其海量的存储空间为丰富数字教育资源提供了有利环境。数字教育资源库不仅是教育资源的提供方，更是资源流通的媒介。通过数字教育资源库，用户可以自行上传教育资

源，与其他用户分享。管理人员可以对数字教育资源库中较为落后或不完善的资源进行更新和替代，进而优化资源；学习者可以将自己的学习成果上传至资源库，供其他学习者参考和学习。但由于用户的广泛差异性，上传教育资源的质量难以保证。因此，对于用户的共建资源，需建立审核机制，对上传的资源进行审核后，再放置于资源库供公众使用。

(二) 基于群体定位的服务模式

学习者在学习过程中建立的人际网络是学习成果的一部分，也是学习者交流学习心得、拓展思路、丰富知识的重要途径。基于群体定位的服务模式关键在于对用户进行特征定位，将有相同特征或相互关联的用户进行分组，针对性地提供资源。首先是用户定位，用户在初次登录数字教育资源平台时注册并选择要加入的同特征群体，如身份特征、学科特征、年级特征等。数字教育资源平台也可以利用人工智能分析技术，对用户的访问和交流数据进行挖掘、分析和处理，以定位其学习兴趣、学习水平、学习能力等特征，主动推荐合适的特征群体供其选择加入。特征群体的确立，缩小了资源的搜索和提供范围，从而针对群体的主要特征来进行相关资源的推送。

第三节 云计算环境下的区域检验数据共享平台构建

据国家统计局 2013 年统计数据显示，我国基层医疗机构（包括县级医院、乡镇卫生院、社区卫生医疗中心、村卫生室）在我国 974398 个医疗卫生机构中占 94%。如此规模的基层医疗机构，却普遍存在着资金、人才、信息匮乏等问题。在基层医疗机构检验项目开展少，检验质量无保障；更有许多机构没有开展检验科室内质量控制工作，也没有参加室间质量评价工作；这些机构得出的检验结果可信度不高，对疾病诊治、疗效观察及愈后判断的意义不大，甚至起到误导的作用。

建立一个能够实现区域内检验数据共享、标本高效流转、质量控制体系完善、结果互认的区域检验数据共享平台，可以节约基层医疗机构自身配置检验信息系统的成本，减少患者因重复检查而消耗的费用，缩短因等待检查结果所消耗的时间，提高医学检验效率，加强基层医院与中心医院的分工协作，优化区域内检验资源的配置。

现已投入使用的区域检验数据系统，都是从医院原有的实验室信息系统（LIS）改造而来的。存在建设成本较高、基层医疗机构部署困难、不利于维护、系统权限管理复杂、编码标准不一致、数据安全性及可扩展性不足等缺点。

鉴于云平台自身具有的弹性和可靠性，我院提出面向区域医疗机构重新设计开发基于云计算的区域检验数据共享平台，这样既实现了数据的存储安全，整合区域内检验资源，促进县级以上医院与基层医疗机构的检验服务协同，使医学检验资源配置更加优化，也避免了医院内部建设 LIS 的后期软硬件升级和扩展成本高等问题。

一、基于云计算的区域检验数据共享平台特点及优势

随着云计算技术在基础架构即服务（IaaS）、平台即服务（PaaS）、软件即服务（SaaS）在服务方向上的不断发展，逐渐出现

了各种形式的云计算应用平台。

我院拟采用的 SaaS 模式，该模式的优点为：①可节省基层医疗机构自身建设检验数据中心所需的 IT 设施更新、软件授权许可及电力消耗等一系列成本；②避免传统 LIS 在各医疗机构的重复投资；③硬件设备集中在云端部署，信息系统非常方便用户业务的扩展。

(一) 平台的突出特点

1. 统一数据标准：与检验相关的数据若要实现在云端进行统一管理和维护，必须实现医疗机构编码标准化、患者身份识别编码标准化、收费项目标准化和检验项目标准化。这样才能达到区域数据共享和结果互认的新要求。

2. 标本高效流转：各医疗机构的标本条码生成机制由平台统一规划配置，成为获取患者信息及检验结果的唯一标识。标本采集完毕后，送检机构可实时查看外送标本的物流情况以及接收医疗机构的检验进度及相关的审核报告情况，实现区域内所有医疗机构标本无障碍流转和检验资源的合理配置。

3. 完善质量控制体系：可以实时、自动地采集检验仪器或检验信息系统中的质控数据，并自动根据预先设定的质控规则进行判断，对失控数据进行警示性标识。实现室内质量控制（IQC）数据的实时上报和室间质量评价（EQA）报告的下载，自动定期向省临检中心传递质量控制数据，也可查阅互认实验室的质控状况。

4. 检验数据共享和结果互认：①患者在区域内多个结果互认的实验室做检验时，检验项目数据可实现实时共享，并将当前数据与历史检验数据进行比较分析；②相关转诊机构可方便调阅权限内患者的检验报告数据；③有利于医生及时发现问题，并对患者进行治疗，避免重复检验。

(二) 平台的主要优势

1. 检验数据全部存储在云供应商的服务器，设备硬件老化和平台软件升级全部由供应商负责，医院只需专注于怎样利用此平台更好地服务于临床即可。

2. 云端是一个庞大的资源池，包括数据计算、数据存储等，所有的应用都在云端，因此院内客户端不需要太强的运算能力，这也就降低了部署成本。

二、基于云计算的区域检验数据共享平台设计

此平台设计的核心部分由患者信息主索引、平台网关、云服务器 3 部分构成。

(一) 患者信息主索引

患者信息主索引主要包括一些涉及患者隐私的信息。由于不同的医疗机构的 LIS 由不同的厂商提供，因此其结构、数据编码标准的不同，导致相关检验信息不能够实现院际共享，而引入主索引则可以将患者的相关信息及检验数据统一编码，能够更好地实现平台内医院之间的分工协作、资源共享。主索引是该平台的基本组件，它确保平台数据的隐私和安全。同时，它还对平台内机构的网关提供了身份验证服务，能够注册和验证登录每个接入平台的网关。另外需要关注的是，每当涉及隐私性的数据时，例如患者姓名、检查项目、检验结果等，云数据库必须向主索引申请访问这些数据。

(二) 平台网关的部署

平台网关提供了检验设备和云服务间的数据接口。公共云服务供应商应用程序接口 API 实现云服务与客户端的连接，但对数据共享云平台来说，以往的应用可能与云平台不兼容，接口的不兼容会形成一定障碍，所以一个网关必须在传统数据中心的存储区域网络（SAN），或者是网络附加存储（NAS）协议和 REST 网络接口协议进行转义。转义通常在后台工作，使那些不兼容的技术能够相互交流，通过平台网关的部署，完成云服务和检验系统的无缝整合。

(三) 云服务器

云服务器可以提供存储和数据服务。其中，云存储用来对检验设备产生的加密数据进行备份，拥有扩容方便、存储量大的特点，而云数据库把各种关系型数据库看成一系列简单的二维表，并基于简化版本的 SQL 或访问对象进行操作，可以对检验数据实施检索、提取、修改等功能。

第四节　大数据下基于云计算的共享资源平台架构

一、大数据下基于云计算共享资源平台的结构设计

(一) 对功能构成的整体进行设计

共享资源平台就是要对各种资源进行共享。在大数据时代，基于云计算的技术和发展对共享资源平台功能构成的整体进行设计，将其分成网络门户功能和后台运营管理两个方面。基于用户的实际需求，设计相应的门户搜索系统，对众多的资源进行分类

区分，对后台运营的资料进行有效的管理，利用云计算的高效性和可靠性，对数据信息资源进行快速查询和计算，完善和改进共享资源平台的发展。

（二）对网络门户功能进行设计

网络门户功能包括七个方面的内容，即：①对关键字、词语、句子等内容进行快速查找，利用云计算对大规模和大数据高效且准确的计算性，针对用户的实际需求，搜索到相应的内容，同时，分层有条理地展现给用户。②设置最新话题或词语模块，将其设置成各种各样的标签，对这些模块进行不同颜色和形状的设计，显示信息的更新性，采用超链接功能，便于用户快速浏览内容以及了解分类。③自动弹跳网页，推荐最新文章或者新闻，对最近发生的大事件或者与生活距离较近的事件进行推荐说明，当用户打开电脑的时候，自动弹出，或者在用户打开某网页之后，自动弹出，促使用户依据自己的兴趣选择是否阅读，有助于用户了解社会最新动态信息。④设置相应的信息主题，依据信息的指向和内容，将信息分成不同的主题，然后对各个主题的内容进行不同模块的拓展，实现用户对资源的准确且有效的查询。⑤对各种资源进行共享和管理。比如，依据资源形态（图片、文字、视频）的不同对资源进行管理，在网络信息资源的浏览中，用户可以通过上传以及下载对资源进行共享使用。⑥共享资源的分享和转发。用户可以在浏览信息时，对自己感兴趣或者影响较大的信息进行转发或者分享，快速传递信息资源。⑦实现不同资源的共享论坛。依据用户的年龄以及职业，设置相应的资源共享论坛，查找自己所需的信息内容，还可以将兴趣一致的用户聚集在一起，体现集体的智慧。

(三) 对后台运营管理功能进行设计

后台经营管理是共享资源平台的重要组成部分, 能够实现共享资源数据后期的准确整理, 完善和改进共享资源平台的发展, 主要有两个方面的内容。①对共享资源的内容进行管理。共享资源的管理包括对各种资源的形式及内容进行管理, 即对其进行有效且具有层次的分类, 促使用户可以通过时间、关键字、资源分类等对自己所需的资源进行查找。并且也可以依据一定的顺序对所出现的资源信息进行排序, 用户可以对所查找的信息资源进行阅览、编辑、删除等方式的处理。也可以自己上传一些信息资源, 添加可以随时改变的超链接, 或对网上的信息资源进行下载, 从而实现资源内容的管理和有效共享。②对共享资源的基本组成进行管理, 即对基本的网络板块、网页设计、超链接页面、常规插件等基本组成部分进行管理。比如, 对网页设计进行管理, 依据不同的资源信息进行相应的设计, 促使用户依据网页设计了解简单的资源内容; 对常规插件进行管理, 即可以在插件中, 依据相应资源管理的发展和要求, 进行增加或者删除的操作。

二、大数据下基于云计算共享资源平台的应用研究

云计算是一种适应现代社会发展的计算技术, 能够实现大量信息数据高效且可靠的计算。在大数据时代下, 基于云计算对共享资源的应用进行研究, 这一共享资源平台能够通过云计算高效且可靠的计算性进行改进和完善发展, 实现资源的快速查找和共享。用户只要在网页中输入自己想要查找的关键字或者句子, 就可以快速地出现用户所要找寻的信息数据, 实现信息的快速传递, 完善共享资源平台的发展。

共享资源平台是一个不断发展和变化的资源平台，实现信息资源的共享化，每天要对众多的信息进行更新，并将社会发展的最新信息添加其中，这些都需要具有较高传递速度和可靠信息发展的计算技术。而云计算正好适应共享资源平台这方面的需求，可以完善其发展。

综上所述，本节主要将大数据时代作为背景，对基于云计算的共享资源平台的应用进行研究。共享资源平台的发展，是实现资源广泛发展和传递的有效途径，在大数据下基于云计算对其进行发展，具有非常重要的意义，能够促进其快速且有效地发展。

第五节　云计算的财务共享服务中心构建

财务共享服务中心（Finance Shared Service Center-FSSC）是近年来出现并流行起来的会计和报告业务管理方式，它将不同国家、地点的实体的会计业务拿到一个SSC（共享服务中心）来完成。将核算职能和决策职能显性分离，以财务价值创造活动为中心，通过整合企业的多个分公司（办事处）的人员、技术和流程，重新调整财务部门组织机构、人员的工作岗位。将大量同质、事务性的交易和任务集中于服务中心，实现财务记录和报告的集中化、标准化、流程化处理，打破了传统的"分级管理、多点布局"财务组织管理模式，实现集中控制和统一核算。作为一种新的财务管理模式，迅速成为大型跨国集团的管理趋势，从2005年开始，在全球范围的发展速度均超过25%，世界500强企业中，大多已经或者正在实施。FSSC在国内才刚刚起步，首先在大型集团公司试点，并逐步渗透到其他企业。目前主要集中在电信、联通、移动等通信行业、银行、保险等金融行业、国家电网、零售连锁企业等领域。

云计算是数据管理技术不断演化的结果，它继承了网格计算、虚拟化、效用计算、并行计算、分布式计算等技术，解决了并行计算、均衡负载、宕机切换等超高性能服务器集群问题，提升了数据加密传输、加密存储、实时备份、容灾备份等性能。当面对不同行业用户时，可将应用系统模块智能组装，以满足客户个性化需求，也可通过 WEB 形式在线使用软件。云计算将服务器集群、高可靠 IDC 及各类应用集中起来，由系统实现自动化管理，为客户提供随时随地、随需而变的 IT 服务。云计算是企业信息化发展的必然趋势，是企业减少硬件投资、降低维护成本、保证数据安全的重要手段，已经逐步运用到电子政务、ERP、铁路、电力等领域。以云计算为基础，从传统财务管理系统中剥离出会计基础核算、工资核算、收支核算等日常业务，设计出财务共享服务中心，具有更加现实的意义。

一、云计算给财务共享服务中心带来的影响

云计算是一种基于互联网的服务模式，通过互联网提供动态易扩展的虚拟化资源，具备服务、计算、底层基础设施租赁和管理维护的功能，云的本质是 Internet。狭义的云计算是指 IT 基础设施的交付和使用模式，通过网络，以按需、易扩展的方式获得所需资源；广义的云计算是指服务的交付和使用模式，通过网络，以按需、易扩展的方式获得所需服务，即计算能力作为一种商品，通过互联网进行流通。

(一) 云计算的主要服务模式

云计算主要提供 3 种服务模式：

1. IaaS: 基础设施即服务。云服务提供商（CSP）以服务器池、数据中心、计算中心等方式向企业提供完善的基础设施服务。用户能够部署和运行任意软件，包括操作系统和应用程序。消费者不管理或控制任何云计算基础设施，但能控制操作系统的选择、储存空间、部署的应用，也有可能获得有限制的网络组件，如防火墙、负载均衡器等的控制。

2. PaaS: 平台即服务。提供给消费者的服务是把客户需要的开发平台和开发环境（如 Java，python，.Net）部署到 CSP 的云计算平台上，客户不需要在本地管理或控制底层的硬件，但客户能控制部署的应用程序，也能控制运行应用程序的托管环境配置。

3. SaaS: 软件即服务。提供给客户的服务是 CSP 运行在云计算基础设施上的应用程序，用户可以在各种设备上通过瘦客户端（只要安装浏览器软件），即可使用应用软件，软件的维护和安全措施均由 CSP 来完成。

(二) 财务共享服务中心的功能定位

FSSC 的总体职能包括集中报账管理、集中收支管理、集中核算管理和影像管理系统。报账是集中核算的主要实现手段，通过扫描原始单据上传至 FSSC 的影像数据库，经过审核后，完成业务收付的报账、费用的报账和其他报账。在收支双轨基础上实现集中支付，达到资金的统一调度、银行账户的统一管理、内部资金的统一管理和资金利益的统一分配。以集中数据平台为基础集中操作，统一编制记账凭证，集中管理会计科目和凭证、用户权限以及总账与明细账。利用云计算平台，实现分支机构与总部之间信息的传输、数据的远程保存，最终用户运用网站或者移动设备进行数据的查询和业务申请。

二、构建基于云计算的财务共享服务中心模式

(一)基于云计算的财务共享平台设计原则

传统的财务管理主要有分散式财务管理和集中式财务管理，这两种管理模式具有较多的缺点，分散式财务管理核算口径不统一、资金利用率低、财务信息价值不高；集中式财务管理远离经营单位。而基于云计算建设的财务共享服务平台通过设立下列原则，能够解决上述困境。基于云计算建设的财务共享服务平台设计原则主要包括以下几个方面：①数据标准化，建立集团内唯一的、能够互联的、在同一语境下开展业务与管理的数据标准。②凭证无纸化，实现后续处理、查询与下载均无纸化。③要素精确化，能够提炼原始凭证要素，并加工成具有精准性、普遍适用性、更好管理的数据。④内控实效化，可以将需要审核的风险控制点嵌入信息系统，以替代人工审核，实现精准内控。

(二)财务共享服务中心的云计算技术应用设计

在云端，云计算服务器可以分为四层，分别为应用层、应用支撑层、数据管理层和网络服务层。网络服务层提供的是基础的网络服务，主要为邮件、网络存储和网址等。数据管理层主要是对业务数据、基础数据和元数据进行分类存储。应用支撑层主要为财务共享服务中心提供网络维护等技术支持。应用层主要是根据用户需求，提供资金管理、报账管理等服务，并不断完善这些服务功能。客户端就是通过各种终端设备接入网络，在用户提出服务需求之后，财务共享服务中心通过云计算服务器就可以提供高效便捷的服务。

三、基于云计算平台的财务共享服务中心技术架构设计

基于云计算平台的 FSSC 按照功能可以分成四个平台，即：接口平台、通信平台、审批平台和应用平台。

(一) 主要开发技术

基于云计算平台的软件主要开发技术包括 AJAX 技术、VMware vSphere 插件技术和 Google Chart Tools 技术。AJAX 技术是一种创建交互式网页应用的网页开发技术，它采用异步交互方式，通过引入一个中间 RIA 引擎，在用户填写表单时，即将前一次的请求结果发送到服务器端，且返回响应结果，减少了在服务器和客户端之间交换的数据，缩短了响应时间。同时，很多的处理工作可以在发出请求的客户端机器上完成，无法完成的请求，再通过异步发送给服务器处理，在 ERP 系统中加快了响应速度，提高了系统性能。

VMware vSphere 是一种最可靠的虚拟化平台，用于将应用程序和操作系统从底层硬件分离出来，从而大大简化用户的操作。不仅在现有的应用程序能够看到专有资源，而且服务器可以作为资源池进行管理。通过这个插件，可以方便地为 ERP 系统分配借用资源和专用资源，使用户在远程终端上操作 ERP 软件的过程简化，易于维护。Google Chart Tools 是 Google 公司提供的动态创建图表的 API 插件，通过修改链接参数来实现各种统计图表的制作，能自动生成折线图、条状图、饼图、散点图、曲线图、思维图、雷达图等，为 FSSC 用户进行数据分析和趋势预测提供了便捷通道。

(二)技术架构设计

基于云计算平台的 ERP 系统技术架构可以分为云端和客户端两部分，其框架层次也有所不同。在云端，可以分为四个层次，由高层到低层依次是应用层、应用支撑层、数据管理层、网络服务层。应用层提供 FSSC 功能模块的应用；应用支撑层为 FSSC 提供技术支撑；数据管理层由元数据、基础数据、业务数据和决策数据构成，实现数据的分类存储；网络服务层则是云计算平台作为一个网站所必须具备的功能实现。

客户端的架构设计相对简单，只包括接入层和应用层，利用各种接入设备，通过企业内部网连接 Internet，经过身份识别后进入云端调用对应软件，即可透明地完成 FSSC 所需要的数据处理，犹如在本地使用一样，用户感觉不到数据远程运算的过程。

(三)安全设计

FSSC 进入云计算环境后，对云端安全性的要求提高了，一方面防止病毒和木马的攻击，两一方面也需要防止各种系统数据的相互干扰，同时还要防范不同用户数据中心数据的泄露和数据在传输过程中可能存在的泄密，因此需要同时配置硬件防火墙和软件防火墙、运用数据加密和数据着色(不同用户所使用的数据，用不同颜色标记)方法，构建立体化防范措施，确保合法用户有权调用权限内信息，将非法用户挡在云以外。而客户端安全性相对简单，只需要保证数据能正确进入 Internet 中，配备个人防火墙或者在路由器上加装防火墙模块即可。

在云计算平台上实现财务管理的规范化，运用相对独立的系统、组织机构和统一标准，构建财务共享服务中心，为企业提供了一种降低管理成本、提高管理效率的运行模式，将众多的财务人员从重复性劳动中解脱出来，将时间和精力转向财务的决策职能，必然得到企业的青睐。但是服务共享服务中心的建设模式，在我国还不十分成熟，市场还有待进一步培育，技术应用还处于探索阶段。本节仅从技术角度对体系结构和系统架构进行了研究，而对如何实现决策职能，并没有过多涉及，这是将来的研究方向。

四、基于云计算的财务共享服务中心的主要优势和发展建议

(一) 基于云计算的财务共享服务中心的主要优势

1. 提高了财务共享服务中心的数据存储安全性

云计算服务器可以在一组服务器中虚拟出多个服务器，当某一个服务器出现故障问题时，其他服务器还能够正常工作，这样就可以保障数据存储的安全性，云计算服务器有三种不同的云计算部署模式，不同模式也具有不同的特点，主要表现为：公共云一般适用于规模较小的企业，云计算服务的提供商与企业自身的服务器相比，更具有安全性。私有云由于数据资源由自己掌握，所以具有很好的保密性，但是需要投入较多的资源建立。混合云不仅可以利用公共云的特点，将大量的非关键财务数据上传到云计算服务商的服务器，降低财务共享服务中心面临的数据安全风险，还可以利用私有云的特点，将敏感部分的财务数据储存于自己的财务共享服务器，具有很好的保密性。

2. 促进财务共享服务中心数据的实时处理与内外部共享

目前财务共享服务中心需要处理大量的数据，并且这些数据还在不断更新，如果不能及时进行数据分析，那么就会严重阻碍公司的快速发展，影响企业决策的准确性。如果采用基于云计

算的财务共享平台，那么不仅可以保障处理财务信息的高效与准确，还能保障企业员工通过互联网设备共享财务信息，从而保障企业各个部门之间的协调配合。

3. 降低信息化成本

基于云计算的财务共享平台，不需要企业投入大量的资金购置网络设备，节约了企业对这方面的基础设施投入，只需要企业通过网络访问，便可以享受到全套服务。有些企业需要构建私有云，虽然需要较多的资金投入，但是从长远角度来分析，采用云技术就可以有效保障企业集团的数据安全，因此云计算能够避免企业为处理数据安全而付出大量成本，降低了企业信息化成本。

（二）基于云计算的财务共享服务中心的发展建议

1. 注重云计算安全问题

①为了应对外部网络的非法入侵，就需要不断完善网络安全措施，不仅要招纳网络安全方面的优秀人才，还要进行安全软件升级和病毒库更新。通过不断强化和完善企业自身安全防护措施，增强对外部风险的抵御能力。②应该对每一位云计算应用的登陆者进行用户授权与认证，限制和明确登陆者在云服务器中的操作空间和业务范围，除此之外，还要对不同的财务数据信息采取不同的加密方式。③如果有数据残留，可以采取多次写入的方式来解决这一问题，同时，为了防止数据丢失，可以将财务共享服务中心的数据存放在备份的云服务器中。

2. 加强员工的培训、沟通与管理

一方面，建立岗位轮换机制，合理安排财务人员的岗位，以减轻员工的倦怠感。另一方面，加强对员工的培训，为员工创造不断学习的机会，更新其知识体系。对于优秀员工，为了留住人才，要采取多样化的职业发展渠道，增强员工对企业的认知感。

　　基于云计算的财务共享服务中心是企业财务由分散式管理走向集中式管理后的进一步演变，也是未来企业财务变革的重要方向，能够实现"信息传递无纸化、基础业务自动化、信息系统云端化"，提高了企业管理效率，降低了企业管理成本，能更好地为公司战略发展提供服务。

第六节　基于云计算的区域医疗信息数据共享平台设计

　　区域医疗卫生信息化建设的目的主要是以病人为中心，通过网络计算、服务计算和效用计算的综合、演化，实现信息数据共享、流动和智能应用，统一规范的医疗信息数据共享平台，完善区域医疗，准确查询数据信息，提升医疗服务水平。

一、云计算的区域医疗信息数据共享平台的设计分析

(一) 物理架构设计

　　云计算医疗信息数据共享平台的设计，需要根据已有的医疗机构各个医疗信息系统和数据库，使用云存储模式在各级医疗卫生机构中部署数据集成安全网，对病人就医记录进行索引，为病人医疗信息网页访问提供导航，然后使用应用服务器，对访问云平台进行管理、控制，处理客户端查询医疗信息请求。同时，在Web服务中交互医疗信息，通过标准的接口与医疗信息数据共享云平台中的专线网络连接，实现各个医疗信息系统集成接入。例

如医生在查看病人的就诊记录时，可通过医疗信息系统和数据库，使用云平台索引病人就诊记录，获取病人就诊的时间、医院、身份证、就诊 ID 和保障卡号，并选择病人档案中最后一次就诊记录，让云共享平台自动调取该次就诊所在医院的医疗数据 Web 服务，然后将结构返回给医生工作终端，让医生可以根据需求调取病人数据，达到信息数据共享的目标。

(二) 逻辑架构设计

①物理资源层。主要由真实服务器、网络设备和存储设备构成，是云平台建立、运行的前提。②虚拟资源池。虚拟资源池是云计算技术延伸的新概念，在云计算中可计算全部的资源。例如 CPU、网络和存储不在局限服务器机箱中，可以通过硬件虚拟化计算进行有机整合，组成 CPU 池、网络池和存储池。当用户有相应的需求时，可合理分配符合需求的组合，将计算资源虚拟化，为后续平台扩展提供方便。③操作系统。主要安装在虚拟服务器上，当前操作系统主要有苹果公司的 Mac OS 和 Microsoft 公司的 Linux、Unix 系统和 Windows 系统。④数据库、文件系统。主要通过云平台在 Oracle、SQL Server、SyBasep 和 MySQL 中选择合适的数据库。⑤ SOA 构架。主要是通过 Web 服务跨平台使用 SOAP、WSDL 和 UDDI 服务，SOA 构架提供的基础 Web 服务主要有权限管理、日志记录、影像检索和 SQL 执行等，而流程 Web 服务有患者信息管理、统计报表、检验信息查询、用户管理、影像信息查询、数据统计、电子病历查询及医嘱信息查询等。⑥云平台服务。该服务平台主要是让各个医疗机构根据医疗信息数据共享平台中的医疗信息共享、医学统计功能、医学影像共享、个人健康档案和电子病历共享等，筛选需要的医疗信息数

据，实现信息数据共享。⑦电子健康档案。该档案作为区域医疗数据共享平台建设的重要内容，主要按照《电子健康档案基本架构与数据标准（试行）》而设计的，能够通过各种渠道动态收集信息数据，实现居民自我保健、健康管理，也是居民整个生命周期的信息资源库。

二、云计算的区域医疗信息数据共享平台设计实现

(一) 基础设施虚拟化

VSPhere 作为 VMware 推出云平台的服务器虚拟化平台，通过集成数据库中服务器，将 x86 服务器资源虚拟化，以此形成逻辑池。其特点具有较高的可用性与安全性，能够充分利用服务器的资源，减少运维成本与资金，扩展整个架构功能，增加存储量。

(二) Web 服务实现

电子病历共享功能实现的关键是 Web 服务接口编写，系统中 Web 服务部署于 Web Services 服务中，区域内用户能够使用各种终端向 Web 服务器发出请求，调用 Web。然后 Web 服务器按照用户的需求，向 HIS、LIS 服务器发送出 SQL 查询语句，从而查询出想要的数据。与此同时，将数据传送到 Web 服务器，通过 SOAP 协议后，又返回到请求的客户端中。

(三) 射频识别登录模块实现

云平台中除了可使用传统用户密码登录的方法外，还可使用射频识别技术设计相应的登录方法，让用户通过射频识别卡登录进行登录。和传统用户名登录模式相比，射频识别登录模块的使用具有较高的安全性与便捷性。打印出来的便签可制作成射频

卡，并分发给使用系统的医生，然后将阅读器安装在终端上，确保读取功能正常使用。例如解放军总医院医生使用的胸卡即是射频识别卡，医生若要使用系统，只要将胸卡扫描后，就可以登录，为医生使用系统的过程提供了方便。

(四) 数据安全

区域医疗信息数据共享平台建立以后，区域内的全部医疗机构的医疗信息数据都是通过专用网络向云平台传输信息的，所以，在传输过程中，必须确保数据传输具有较高的安全性。另外，因为区域医疗信息数据共享平台需要对区域内全部医疗机构的信息数据进行采集、整合，所以需要从多个角度考虑医院网络模式和数据管理方式，为数据提供安全保障。例如在数据存储格式、复原途径、存储位置和分类模式上，每个医疗机构都不同，所以云计算的使用主要是建立在医疗信息共享平台上，从而解决大量数据存储、管理的问题，借助分布式存储系统存储信息数据，降低成本，提升云平台安全性，为信息数据的使用提供安全技术支撑。

综上所述，云计算的区域医疗信息数据共享平台的建立，通过设计物理架构和逻辑架构，借助基础设施虚拟化、Web 服务和射频识别登录模块，以实现区域各个医疗机构信息数据的整合，对专线网络数据进行加密，为信息数据的使用提供安全保障，从而方便用户调取相应的数据。

第三章

云计算环境下的数据共享技术应用

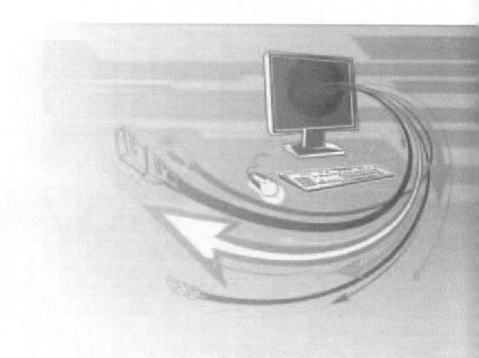

第一节　基于云会计的财务共享中心绩效管理应用

　　随着全球经济和社会信息化的高速发展，巨量的、多种类型的数据以爆炸般的速度生成，企业通过采用大数据、移动互联网、云会计等新一代信息技术，会使企业经营管理和决策变得更有依据，可行性更高。财务共享服务是一种主要针对集团企业而研发出来的管理模式，将分散于各子公司中的重复性高，并且易于标准化的财务业务进行流程再造与标准化，为企业提供专业的、标准化的服务，还能提升业务处理效率，有效整合企业资源，加强对企业内部控制的管理，降低财务管理成本和风险。绩效管理是企业财务共享中心日常工作中的重要部分，大数据、云会计等技术，使得绩效管理规范化和流程化，可以让集团企业的管理者和员工明确自身所处的位置以及岗位的职责与目标，促进组织和个人绩效的提升，并且提高企业运营管理流程和业务流程优化的水平。

　　近年来，财务共享服务中心、绩效管理等方面的研究，引起了国内外学者的广泛关注。陈虎和董浩提出五个维度的指标是否达标作为衡量财务共享服务中心能够完成其设计目标的量化标准，在此基础上，可以使集团企业的绩效管理水平达到更高的水准。张庆龙等认为，需要借助 IT 技术，以建立健全绩效沟通机制，通过绩效考评能够对员工实施有效的沟通机制，能比较真实地反映集团企业各部门的情况。张晋红利用平衡计分卡提出了一种红绿灯评级的绩效分析管理体系，并以汉高中国区财务部为例进行了分析与说明。吴杰和周维基于平衡计分卡，通过运用 AHP 结合 BSC 共同计算出各绩效评价指标，并整合了财务共享服务中心选择绩效指标的路径，从而进一步借此建立了相应的绩效评价模型。

综上所述，虽然目前在财务共享中心的绩效管理领域研究方面取得了较大的进展，但是对大数据、云会计下的财务共享中心绩效管理的相关研究还涉及较少。鉴于此，本节将深入分析云会计环境下的财务共享中心绩效管理问题，从而设计出一个适应于当前大数据时代的，将云会计技术应用到财务共享中心中的绩效管理体系，并具体阐述绩效管理目标制定、目标分解、预警监督、原因分析、考核激励和总结改进六个绩效管理闭环流程的具体内容。

一、大数据时代基于云会计的财务共享中心绩效管理框架模型

财务共享服务中心作为一种近几年兴起的管理模式，能够在保证会计信息质量的前提条件下，简化集团企业业务流程，并通过合理的流程优化降低了人力成本。大数据、云会计技术在集团企业财务共享模式的应用，使得绩效管理更加标准化和流程化，可以让财务共享中心的员工和管理者各司其职，不会做重复的工作。由于财务共享中心采用了先进的云会计技术，它可以让集团企业总部及子公司统一接收并处理收到的信息，而如果发现有可改进的地方，也会得到有效反馈，从而方便改进。通过运用大数据和云会计的知识，本节构建了一个大数据时代基于云会计的财务共享中心绩效管理框架模型。

通过运用大数据技术，可以将上述框架模型运用于云会计平

台，该模型可主要分为 6 个层级，分别为基础设施层、业务层、数据层、服务层、应用层和用户层。

在基础设施层中包含的智能终端、网络、服务器、安全设备和存储器等部分内容，是构架业务层的基础，同时，基础设施层还可以采集对应行业的外部数据，并可以应用于数据层和应用层。

业务层中的会计核算系统、客户关系管理系统、会计档案管理系统、运营管理系统和费用报销管理系统等都是与绩效管理系统相关的系统，制定绩效管理的决策，需要从其中提取相关企业内部数据。

数据层中的处理首先是将从基础设施层和业务层的与企业绩效管理有关的结构化数据与非结构化数据存储到 ODS 业务同步复制数据库中，然后利用 Hadoop、HPCC 和 Storm 等大数据技术进行数据处理之后，会进入到数据中心，以备服务层和应用层的需要。

服务层的数据来自经过加工处理的数据中心，然后通过服务层再次对数据进行处理和有效利用，再通过 B2Bi、B2Ci、BPI、EAI 等技术对其进行应用整合。在用户整合方面，需要统一用户、统一身份、统一授权和统一管理。此外，通过 EMPI、统一注册、统一通讯和安全管理等完善基础服务的需要。

应用层中的组织绩效管理主要来自财务、客户、学习创新和内部流程这四个维度。其中，财务维度是指财务共享服务中心的建设运行成本、职工薪酬成本、每项任务完成成本和未支付的现金等；客户维度包括客户满意度、客户体验管理能力、服务水平协议达成度和客户投诉处理率等；内部流程维度包括业务数量、会计核算处理效率、流程执行力和一次性承购比例等；学习创新维度包括定期培训课程种类、有效建议数量、人均培训时长和培训结果满意度等。对于人员绩效管理，其中，运营业务人员的绩效管理主要取决于单据类型、业务处理效率、业务处理数量和客户满意度等方面；技术人员和管理人员的绩效管理不再像运营业务人员的绩效管理那样单一，而是进行360度评估、个案评估，还要从组织绩效达成率和业务人员流失率等方面进行评估。

用户层是集团企业的决策者，包括集团公司、分子公司、财务共享服务中心等，他们从应用层提供的不同财务决策方案中选择最有利的方案，从而对企业的资源和人力进行更好的分配。这些财务决策方案首先从基础设施层获取财务共享模式下绩效管理有关的数据，经由业务层和数据层对其进行清洗和梳理，并通过服务层和应用层提供决策分析技术，从而将简单的财务和非财务数据进行处理整合，转变为管理层需要的财务决策方案。

二、大数据时代基于云会计的财务共享中心绩效管理流程

在大数据时代，集团企业分布在全球的分子公司的联系不再困难，运用云会计和移动互联网技术建立的财务共享中心，可以让其各自方便快捷地联系起来，建立标准化的绩效管理流程，能够显著提高企业的绩效管理业务处理能力，提高管控力，激发员工的工作积极性。在借鉴国外企业实施财务共享服务模式下的有关绩效管理的实践经验，并考虑到我国集团企业监管企业财务共享服务对准确性、规范性和及时性的特殊需求。

下面从绩效管理的目标制定、目标分解、预警监督、原因分析、考核激励和总结改进六个闭环模块，对集团企业财务共享中心绩效管理过程进行详细阐述。

(一) 目标制定

集体企业的财务共享服务中心不仅要向集团母公司和分子公司等内部客户提供服务，且若财务共享服务中心是独立运营模式，还要对除了集体企业的外部客户提供服务。对于内外部客户，财务共享服务中心都需提供一定质量的优良服务，以保证客户的满意程度和降低外部客户的流失率。

集团企业绩效管理目标制定所需要的财务和非财务信息，均通过财务共享中心运营管理信息系统来采集和传递，实现对绩效管理流程的系统覆盖及支撑，从而提高绩效管理的效率与效果。在采用财务共享服务模式下以及在绩效评价管理模式的前提下，运用大数据和云会计技术，可以得到财务共享中心的内外部数据，从而对这些数据进行信息评估，并分析该模式下财务共享中心的远景定位和战略目标，明确绩效管理指标的设计以及执行目标，可以对后续调整和改进各个员工的工作岗位和绩效管理目标计划有一定的影响。在财务共享服务中心绩效管理中，如果不能确定绩效指标（KPI），那么绩效管理的目标就无法明确，更不要说对目标的分解了。因此集团企业管理者需根据各自财务共享服务的不同需要，从而制定财务共享服务模式上财务共享中心的绩效目标。

(二) 目标分解

集团企业建立财务共享中心，运用大数据和云会计技术，通过建立一套动态绩效管理系统，不再是像传统绩效管理那样由主管通过参考企业整体业绩以及个人完成的任务比重进行模糊化评价，而是将绩效管理的目标从组织绩效管理和人员绩效管理两个维度进行量化和分解，能够较为真实完整地对员工的工作业绩进行评价。

财务共享服务中心要完成既定的绩效管理目标，就必须将其进行层层分解，并落实到各个业务单元、部门和员工，每个岗位需要完成的任务以及对应岗位所需人员的条件都是可以量化的。既定岗位的工作目标的确定是分解绩效管理目标的重中之重，这也就是说，集团企业各岗位人员在绩效考核周期的权利与义务是必须要明确的。绩效管理目标分解和各岗位目标的制定不但需要集团企业管理人员的参与，而且企业员工也应该加入其中。因为管理人员所设计的目标往往在理论上看，实现起来比较容易，但当员工实际执行的时候，还是存在一定难度。所以专业人员同员工的上级以及员工共同制定的个人绩效计划，才能在既保证员工积极性的情况下，又能保证目标的合理性。在云会计环境下，利用大数据技术分析绩效管理的实时变化，在绩效目标明显过低或过高的情况下，就应该进行原因分析，并适当调整绩效目标。

(三) 预警监督

由于传统观念的束缚和传统流程的烦琐，财务部门与业务部门收到的信息往往不对称。因为财务部门的信息通过手工传递和加工得到的信息在经历一系列的流程过后，会远远滞后于业务活动。而存在于各个职能机构之间的利益冲突以及不同流程间的对接障碍，也会降低数据的获取效率和利用率。构建财务共享服务中心，借助大数据和云会计技术，可以将财务部门与业务部门的各自流程进行有机结合，通过共享财务与业务的信息流，实现财务和业务能同步结合的目标。财务业务一体化流程可以利用计算机将信息通过网络高速传递，既避免了人工的干扰，又为会计信息的真实准确性和实时传播速度提供了保障。而经过合理设计的系统可以在规范会计信息输入的同时，又可以向财务共享中心管理者输出所需的信息，从而方便管理者实时管控绩效管理过程中的风险。

借助大数据和云会计技术，财务共享服务中心绩效管理系统将实际执行的结果和计划进行对比和预测，跟踪业绩完成情况。管理人员通过绩效管理系统，可以控制绩效与质量的过程和结果，因为在系统中，员工工作的错误次数、错误率、业务处理量、完成时间等信息，都会被进行详细的实时记录。管理人员针对系统反映出的整体情况和异常，可以快速地做出实时调整。当预计的业绩完成情况和实际的结果有差异产生时，需要使用一些技术和手段寻找根源，对业绩完成预计不达标的单位和个人进行预警。绩效监督与管控越及时，就越能做出有效的调整。

（四）原因分析

绩效管理系统通过连接到基础设施层中的存储器、服务器、智能终端等，在云会计平台上收集并处理集团企业外部关于企业绩效管理的相关行业数据，从财务核算系统、财务分析系统、客户关系管理系统、资金管理系统和电子影像管理系统等有关系统中获得初始数据，并通过大数据技术，对其进行清洗和处理，再运用同比、环比、标杆对比等一系列方法对业绩执行情况进行分析，分析结果可以在绩效系统中通过经营业绩分析报表、经营仪表盘等形式展现出来。绩效管理原因分析旨在明确绩效问题，找出影响绩效结果的关键原因，从而确定提出适当的绩效调整计划。

（五）考核激励

通过云会计平台，财务共享中心绩效管理的数据在各系统、各个模块间相互传递，信息的流程和传递不是简单的相加，而是以 N 次方的速度被扩散。绩效考核激励的基础是经过分析来自系统中的相关数据和信息，对财务共享中心员工在其岗位上的工作业绩进行评定和激励。绩效考核要根据评价的对象、工作岗位类别、工作特点的不同而区别对待，对员工是否完成其岗位要求的任务，工作成果是否优良，工作能力的强弱，对待工作的态度是否积极乐观以及个人道德等方面进行考核。

成功的绩效管理考核激励不仅能有效地管理员工的工作业绩，进而实现整个财务共享服务中心的绩效管理目标，而且从效果上而言，也能够对员工产生持续的积极的鼓励作用。绩效管理中的绩效激励就是通过奖励员工的绩效成果方式，提高并持续保持员工的工作积极性，使员工的个人利益、价值取向与财务共享服务中心的发展保持一致。此外，还应根据员工的业绩、能力而给予其与之相符的薪资待遇或职位，并且财务共享服务中心管理者还可以采用荣誉、关怀、培训等方式对员工进行激励。

(六) 总结改进

绩效考核之后，会将其结果与集团员工进行沟通，是对财务共享服务中心的整体绩效管理目标和员工个人在期初所制定目标的完成情况和其在工作中的业绩和能力进行客观的分析和总结，管理人员就员工的绩效考核的结果、显示的问题和改进方法，与员工进行总结沟通和反馈沟通。管理者与员工就绩效评价的最终结果检视和讨论，使员工明白自身绩效水平在整个集团的差距，且管理者应该引导员工尽量避免其短缺之处，充分利用其优势，从而为下一期的员工绩效目标的改进提供帮助。在制定出新的员工绩效管理目标改进方案后，该绩效周期内的沟通管理到此结束。随着新的绩效周期的开始，管理者和员工可以在绩效改进计划的基础上，确定新绩效周期的绩效目标、计划，启动新一轮的绩效管理。

集团企业财务共享服务中心利用大数据和云会计技术，使能够采集和整理分析与绩效管理相关的各种数据成为可能，也为集团企业管理者采用大数据技术做出科学合理的绩效管理评价提供了技术支撑。集团企业的财务共享中心是利用大数据和云会计技术而建立的，其绩效管理是将集团企业的业务流程和有关系统进行整合，以提高自动化绩效管理的能力，降低集团企业绩效管理的时间和成本，使管理层实时地实行绩效管理。

第二节　基于云计算环境下数据存储安全的关键技术

一、云计算环境下数据存储安全概述

云计算环境下的数据存储，包括数据存储与管理。在实际应用过程中，存储安全则包括认证服务、数据加密存储、安全管理、安全日志和安全审计。

其中，认证服务的主要作用就是通过单点登录、访问控制等技术，避免在云计算这种开放环境当中，发生服务劫持、服务滥用等情况，属于安全防御方式当中的一种。

数据加密存储主要应用传输加密技术与存储加密技术，来保证用户的数据信息安全，使得用户数据在存储与传输过程中，得到全面保障，尤其是对敏感数据信息的保密性提升，具有重要意义。

　　安全管理是云服务提供商所需要的技术模块，主要功能就是对用户信息与用户权限进行维护，具体内容包括对用户账号的注册与注销、用户授权、特殊情况下的权限管理等。这种管理的有效应用能够有效防止越权访问等现象，对其他用户的数据安全性，能够起到保护作用，为整体云用户提供一个良好的使用环境。而云计算环境下数据存储安全当中的安全日志与安全审计，其功能是对云服务与云计算系统当中的安全活动或事件进行记录，管理员利用相关技术模块，对系统与用户的计算、访问活动进行监管与审计。在实际应用当中，云服务提供商有必要通过完善的日志审核机制，保证用户安全日志的完整性与准确性；进一步对相关日志信息进行针对性的跟踪、记录、审核，能够及时获得数据信息存储、传输或用户访问等过程中存在的安全隐患与安全威胁，并立刻做出响应，生成安全审计报告。

二、云计算环境下数据存储安全的关键技术

(一) 数据加密技术

　　在云计算环境下，数据存储安全的技术难度有所提高，关于数据加密技术的应用，也需要在常用加密技术的基础上，进行完善与创新。笔者总结了现阶段适用于云计算环境的3种加密算法，具体如下：1.AES算法。AES算法是基于3DES算法的一种对称加密算法，具有密钥生成快、内存需求低、加密效率快等特点，但由于密钥的对称性，若密钥在传输过程中丢失，便有可能造成极大的安全隐患。所以，在应用AES算法的过程中，需要对AES密钥进行有效、完善的安全管理，才能进一步保证数据存储的安全。2.云端重加密算法。云端重加密算法主要利用的是云计算在实际应用当中存在的访问控制特点，以CP-ABE为基

础所设计出的一种高性能的运算加密算法。应用云端重加密算法能够在不损失云计算系统安全性的前提下，将部分重加密的负担转移到云端上，这种访问控制结果的变换，能够减轻数据所有者端的权限管理负担，这对动态密文访问控制的实现以及控制效率提升，具有重要意义。3.RSA 算法。RSA 算法在数据加密领域具有特殊的地位，它是首种既能用于加密，也能用于数字签名的一种技术算法，对非对称加密算法的研究与发展，具有极大的影响意义。在实际应用过程中，RSA 算法能够达到很长的长度，在加密过程中，当密钥长度达到一定的位数之后，被加密的数据几乎不能被破解，具有极高的安全性，对已知的绝大多数密码攻击行为都能够进行有效抵抗。但由于其加密过程需要进行大素数分解，导致加密效率较低，使其更适用于对保密性要求较高的数据信息。

（二）Hadoop 安全机制

Hadoop 1.0 版本之前，几乎没有采用任何安全技术或安全机制，但随着用户对数据存储安全需求的不断提升，必须完善构建 Hadoop 安全机制。在传统的 Hadoop 平台下，用户与服务、服务与用户之间，缺乏相互的认证机制，以及相应的机密措施，数据服务器对于存储器及内存数据也未采取一定的保护措施，一旦发生介质丢失、系统维护、黑客入侵等情况，用户数据信息安全将会受到极大的威胁。

针对 Hadoop 安全机制的构建，主要手段就是强化 Hadoop 集群管理，增强集群安全性。Apache 于 2009 年，组织了专业的技术团队，研发相关安全认证以及授权机制，并使其能够嵌入到 Hadoop 平台当中。经过长时间的研究、总结、实践之后，现有两种安全机制应用较为广泛，且安全性能良好。

①Simple 机制。Simple 机制利用的是 SAAS 协议，其原理就是当用户提交访问动作时，必须说明"你是谁"，这一操作的完成，需要通过 JobConf 当中的 user.name，动作提交之后，由 Jon-Tracker 端对证明信息进行核对，确保用户信息属实。在这一过程中，涉及两部分工作，其中一个是审核当前的访问者，与 user.name 当中的用户是否是同一个人；另一个就是对 ACL 配置文件进行核查，以检测该访问者所使用的权限是否合法。仿真者若能通过审核，则会获得由 HDFS 授予的 delegation token；此后对访问者的相关操作进行检查，都可以通过 token 的存在状况进行真实反映；在检查过程中，还需要对使用该 token 的访问者与注册用户的一致性进行核验。②Kerberos 认证机制。Kerberos 认证属于网络认证协议当中的一种，其主要作用就是利用密钥系统，为客户机/服务器的应用程序，提供可靠的认证服务。在实现这一认证服务的过程中，不需要依赖主机操作系统的认证机制，也不需要依赖对主机地址的信任，更不会要求网络当中所有主机的物理安全。所以说，Kerberos 认证是一种第三方认证服务，其本质是利用传统的密码技术，来完成认证服务。在现阶段应用的 Hadoop 当中，都设置了 Kerberos 认证机制，在此种环境下，集群的节点具有可靠性，相应的，在进行集群部署工作过程中，Kerberos 将认证的密钥提前分配到可靠节点上；当集群开始运行时，内部节点再通过密钥进行认证，只要认证成功，则这些节点就可以正常使用。在认证过程中，由于试图假冒的节点未能提前获得密钥，所以无法与集群内部节点进行通信，达到预防恶意使用或篡改 Hadoop 集群的效果，显著提升 Hadoop 集群的安全性。

(三) 数据敏感度模型

在云计算环境下，所谓的敏感数据，是指对用户或企业十分重要的数据，一旦丢失、泄露、使用不当或在未经授权的情况下修改，将会对用户个人、企业甚至国家带来巨大的威胁。云计算的应用原理就是通过分布式处理办法，对大数据进行高效处理，在对数据信息进行加密时，不仅要考虑到算法的安全性，同时，还要保证加密过程的快速性，而对敏感数据的妥善处理，则是实现云计算环境下数据存储安全的重要前提。

对于敏感数据的分类，可依据数据内容的敏感系数 r 划分成四个等级，分别是 r=0 的不敏感数据、$0 < r \leq 0.3$ 的轻度敏感数据、$0.3 < r \leq 0.5$ 的中度敏感数据、$0.5 < r \leq 1$ 的高度敏感数据。以此为依据，构建云计算环境下的数据敏感度模型，通过安全技术与管理的应用，实现对用户敏感数据的分级保护。例如，在数据加密之前，明确数据信息的重要程度，可设定 1 级为不敏感数据，2 级为轻度敏感数据，以此类推；对于不敏感数据，直接建立完全信任模型，也就是说，可以不对数据进行加密处理，使其成为共享数据；而对于轻度与中度敏感数据，可以对部分数据做加密处理；对于高度敏感数据，则要建立一个不信任模型，对所有数据进行加密。在模型构建过程中，除要对数据进行等级划分外，还需要对数据加密算法进行等级划分，4 级高度敏感数据，需要对应 4 级高保密性的加密算法。

在云计算环境下，构建上述数据敏感度模型，云用户能够自行控制共享数据的内容，同时，选择性地进行数据加密，能够在很大程度上降低需要加密的数据量，随着数据量的下降，则能够进一步缩减对数据加密所应用的时间，从整体上提升数据加密效率。在敏感度数据模型当中，不同等级的数据，所对应的加密方案也不相同，数据的敏感度等级越高，所对应加密方案的安全级别也更高，这一部分的数据加密方案更加注重加密算法的安全性，现有的性能较高的加密算法，加密效率则相对较低，利用数据敏感度模型，能够在对敏感度等级较低的数据进行加密时，节省出大量的时间，从而保证整体数据存储的安全性与高效性。另外，在数据敏感度模型构建当中，还可以进一步应用数据存储的代价分析结果，在加密方案选择的过程中，要对密文的有效期及有效期内的破译进行有效预估，以保证加密方案的选择与应用，使破译代价高于加密的数据信息。

第三节　基于云计算的数据存储技术应用

一、云计算环境下数据存储的体系结构

在组建云计算环境下数据存储体系中，需要构建规模较大的存储中心，而该中心是由数以千万低廉的存储设备所组成。这部分异构的存储设备会依据其相对应的文件系统，将分布较为零乱的、低质量的资源整合为一个安全性较高，拓展范围较强的整体。以此为依据组建面向大众的云存储服务系统。数据中心是体现云存储的基本环节，该环节由管理异构的存储设备和其不同类型的异构存储设备构成。云存储设备中既有多个大量的低廉的PC 机，也涵盖多个企业的存储设施。云存储的最关键核心是分布式文件系统，依据其系统实现云存储中不同存储设备间的融合工作，促使均衡地分布在服务器上的文件和网络上的一个位置相拟合，提供外界服务功能，给出具有高效率的数据访问性能。云

存储的分布式文件系统类似于其他的分布式文件系统，而云存储的负载均衡性和其技术环境也严重影响了云存储的设计性能。

二、基于云计算的数据存储服务架构

云计算服务涉及很多行为和其功能的集合，其中更多的是对数据的分析、计算、选取结果、数据集成和预处理存储，依据数据间的相比较融合这部分功能，结合成多种类型的应用。云计算存储系统可以在实际的操作中，满足对其服务器集群、存储设备、计算机设备应用等多种功能的网络共享。依据这部分的网络途径，对集成技术、接口、组件完成软硬件加工打包的服务板块，为更好地满足用户需求和其相关的平台需求，建设具有针对性的服务请求应用。云计算环境下的数据存储过程，其实就是一种软件产品。从宏观的意义上分析得出，其是一种定性的服务过程。将软件的生命周期引入到云计算环境对数据存储的开发中，具体的设计基于云计算的数据存储服务架构。

(一)研究阶段：在基于云计算的数据优化存储中，融合实际操作需要搜索和识别服务，对其相关的服务类型进行定位，对数据存储的组合形式进行考量。

(二)设计阶段：在基于云计算的数据优化存储中，对服务和定位技术间的融合关系加以磨合，形成良好的服务说明书，修订建设平台和其服务的数据接口，主要对服务提供商和其代理、服务消费者间的关系进行调节，对其数据流动方式进行保存设计，为以后的数据存储系统配备相应的保证。

(三)完善阶段：为了体现服务推广，对市场进行开发，结合服务定位和本身研发技术的状态，对数据存储进行模型研发，设立服务组件，依据服务端口进行功能研发和调用。

（四）维护阶段：在云计算环境下数据存储的体系结构中，为了充分保证服务的稳定性，对其开发中存在的问题进行完善，对已有的服务版本进行改进，同时进行服务质量的改进和新服务项目的开发，加大数据存储服务的运行周期，扩展云计算数据存储的发展空间。

（五）衰退阶段：在基于云计算的数据优化存储中，当数据存储服务性无法满足用户的需求时，需要终止其服务类型，避免在使用过程中其端口数据流通过较大而形成的系统问题。

综上所述可以说明，云计算环境下的数据存储优化设计方法，由此保证用户存储数据的安全性，其数据存储可以给用户带来高质量、便捷的服务，提升了经济收益，促进了科学技术的发展，具有深远的使用价值。

第四节　基于云计算的数字化校园集成方案研究

一、云计算的数字化

作为 2006—2020 年国家信息化发展战略的重点，教育科研信息化越来越受到重视。高校的信息化建设经历了网络基础硬件设施建设、相互独立的应用系统的开发、数字化校园建设等阶段，甚至开始为智慧校园的建设打下基础。目前数字化校园的建设目标是建立一个资源统一管理、面向用户服务，并且能够提供决策支持的数字化校园集成平台，实现"网上办公、网上教学、网上管理、网上服务"，对整个教学、科研、服务等各个环节提供高效的信息化、智能化和人性化管理，为全校师生员工提供快捷、共享、全面的信息服务；实现学校各类资源的整合和配置优化，提高学校的管理水平和办学效率。

随着高校数字化校园的建设，以及教育信息化的普及，数据的容量由 10TB 向 PB 级发展，处理的数据异构，数据类型将包含结构化、非结构化和半结构化数据。相互独立的各应用系统异构，数据同步困难，系统设备利用率低。处于大数据时代的前夕，数据烟囱、信息孤岛和碎片应用无处不在。消除信息孤岛、建设教育大数据的难度很大，数据对接工作量较大；接口开发成本高；接口工作周期长；协调厂家配合麻烦；系统不支持数据接口；等等。为了满足教育基础数据可持续的发展需要，在确保基础数据真实性、安全性、可用性的基础上，如何高效地实现数据集成应用，是数字化校园建设的重点，也是难点。

二、基于云计算的数字化校园集成应用设计

云计算技术将原有业务系统、原有终端都具备的能力全部迁移到云端集中，迁移后的资源池能够自动伸缩扩展，统一管理和调度。几个终端都具备的同一能力不应该在各个业务系统中反复建设，造成资源浪费，而是应该集中到云端统一建设和管理，并由云平台统一提供和调配这种能力。对于建设完成的能力云端，可以通过服务化方式提供出去。

数字化校园的建设关键在于集成能力和应用能力的提高，集成应用设计主要从数据结构、集成性能、应用能力等方面考虑，进一步考虑如何利用集成平台的能力，解决这一架构中数据量大、数据结构多样化、传输方式多样的问题，使得数字化校园集成平台有更好的灵活性、扩展性和实时性。为此我们提出了利用云计算、SOA、ESB 技术，搭建松耦合的系统架构，设计云计算集成应用平台框架。

第一，校园数据实现云存储与同步共享。云基础层能力包括主数据管理、规则引擎、安全引擎等。IaaS 平台提供统一的虚拟资源池和资源动态调度。虚拟资源池包括计算资源池、网络资源池、存储资源池、安全和交付池等，满足不同业务系统对计算或存储能力的需要，实现业务系统和硬件环境的剥离。通过 ESB 总线，实现数据的异步传输、同步传输与实时备份。通过主数据管理中心，实现数据标识的唯一性和同步性，确保全校资源动态调度的正常运行。

第二，确保异构系统之间的数据集成和应用集成，在 IaaS 层引入 SOA 中间件，SOA 是一个集成平台，可以实现消息协议转换、传输路由的选择与数据的传输。支持目前在用的多种传输协议，能汇总通过各种采集渠道采集来的基础数据，包括教务系统等业务系统中的基础数据、网上采集的基础数据、存储在电子文档中的基础数据以及各种扫描纸质文档所生成的基础数据。SOA 先将业务系统各个层面的能力转化为对应的服务，包括数据服务、业务服务、流程服务和展现层服务，然后集成这些服务，并把集成的服务注册到 SOA 的服务目录库中，从而屏蔽底层业务系统。SOA 中间件中的 ESB、BPM 等可以发展为内部的 PaaS 云平台，从各个业务系统中抽取公共技术资源和数据，形成公共技术引擎和主数据管理中心。实现执行环境云化，开发环境和测试环境的云化。

第三，通过 ESB 传输总线实施安全与高效的数据交换和整合。在 IaaS 层，数据通过重组、清洗、转化后，在主数据管理中心，以唯一标识予以记录，按照统一的标准规范在 PaaS 层进行资源和数据的抽取，在云端形成主数据平台、规则引擎库、公共流程平台等，完成数据集成平台的功能。IaaS 层和 PaaS 层会根据需要形成的多种内部私有云，各司其职，它们之间的交互通过 ESB 总线进行相互协同。IaaS 层和 PaaS 层的建设，为 SaaS 层应用提供了所需要的硬件层能力和软件公用平台层能力，促进了 SaaS 层的快速构建。云端提供了从开发环境、测试环境、执行环境、底层硬件环境、平台技术环境等一系列的支持云，使得业务系统可以只关注业务本身和服务的提供。实现了原有的业务系统的应用，提高了资源利用率。

第五节　云环境下政府数据交换与共享平台方案设计

一、基础设施层

数据交换与共享平台基础设施层是基于云计算平台而进行设计的，包括虚拟服务器、云存储设备、云基地网络设备及安全设备。基础设施层为平台的运营提供数据处理、存储、网络及安全环境。政府可以自建云平台或以购买服务的方式获得云基础设施的支撑，从而建设数据交换与共享平台。另外，可以在云平台上新建业务系统，并将已建业务系统迁移至云平台，充分发挥云计算及大数据优越的数据处理能力，对业务系统数据进行深度挖掘，归纳数据变化规律，为政府决策提供支撑。

二、数据层

数据交换与共享平台数据层由业务系统数据库、公共基础数据库和平台主题数据库组成。业务系统数据库和公共基础数据库存储的数据是数据交换与共享平台的数据核心，也是数据交换与共享平台的运营基础。平台主题数据库用于存储平台的主题数据。平台主题数据是按照数据主题(如教育、政务、公共安全等),将相关数据从业务系统数据库及公共基础数据库中抽取出来,经过转换、清洗、对比及筛选等功能形成的按主题分类的数据,是数据交换与共享平台数据组成的补充与完善。

由于政府掌握着最为全面和准确的公共基础数据,如人口数据、法人数据、空间地理及宏观经济数据,因此公共基础数据库可为数据交换与共享平台提供准确且权威的基础数据。公共基础数据来自各委办局业务系统及平台,数据需要通过采集过程实现共享。数据采集手段主要分为平台对接、数据库开放及设置前置采集系统等三种方式。

(一)平台对接是指针对已有业务系统类型在数据交换与共享平台上开发数据交换接口,实现业务系统、数据交换与共享平台的数据交换和调用。

(二)开放数据库是指委办局业务系统可以对数据交换与共享平台开放其数据库,以实现数据的快速调用,但这种方式可能会对业务系统的数据安全及数据库稳定性带来影响。

(三)设置前置采集系统是在业务系统端建立一套数据采集前置机,为业务系统定时推送数据到前置机,前置机在获取数据后,将数据传送至数据交换与共享平台进行加工并存储。此种数据采集方式对业务系统而言最为安全,但时效性和性价比都较低。

三、系统支撑层

数据交换与共享平台系统支撑层主要由数据采集系统、数据服务交换总线、交换管理服务、接入服务、目录服务等功能组成。系统支撑层是本平台功能设计的核心部分，为平台数据接入、交换、处理及服务提供了重要支撑，是实现数据交换与共享的关键环节。

(一) 接入服务

数据交换与共享平台需要接入政府各部门的业务系统及平台。接入服务包括采集接入（相关业务平台到平台公共数据库）和共享接入（平台公共数据库到相关平台）。数据接入服务提供可视化配置与管理，支持多种接入方式。

1. 接入方式

数据共享与交换平台支持多种接入方式，接入方式包括中间数据表接入、原始系统表接入、文件目录树接入、Web services 接入、文件解析接入、数据表单接入等。平台可根据不同需要，然后配置各种接入方式。

2. 适配服务

适配服务提供从平台数据库提取数据发送到企业服务总线（ESB），以及从企业服务总线获取数据，并存储到各业务系统共享数据库的功能。适配服务还可实现子平台业务数据库与子平台共享数据库之间的数据交换桥接功能。

数据交换与共享平台适配服务通过丰富的内置适配器和组件，支持多种接入方式，适配器和组件的功能如下：

一是文件发送、接收适配器：文件发送适配器可同时监听多个文件目录，并提供文件发送的进行日志记录和查询功能。文件接收适配器可提供接收文件发送回执功能，并提供文件接收日志记录和查询功能。

二是适配服务：提供 Excel、PDF 和文本节件解析适配及

JMS 消息系统适配功能。

三是数据库发送、接收适配器：支持 Oracle、DB2、MS SQL Server、Sybase、MySQL 等多种主流数据库类型，可自动生成和创建数据库接口表、主键及索引，并支持批量处理功能。同时，提供对非结构化数据和大字段数据的处理功能。

四是目录服务适配组件：提供通过目录服务系统调用数据交换服务的接口适配组件的功能。

五是 Web Services 服务适配组件：提供数据交换 Web 服务接口、文件交换 Web 服务接口等 Web Services 服务适配功能。

六是工具组件：提供 HTTP/HTTPS、FTP、TCP Sockets、SOAP、RMI、SMS 等多种协议接口工具向应用系统发送请求或接收响应的功能。

3. 触发模块

数据共享与交换平台对各种接入数据的传送触发模式有三种，分别是数据库触发模式、数据库轮询触发模式以及目录监听触发模式。数据库触发模式指目标数据库中任何数据变化，均可触发平台数据采集操作；数据库轮询触发模式指对目标数据库中的数据，按照一定的时间间隔进行数据采集；目录监听触发模式是指对数据目录进行监听，数据目录的变化可以触发平台数据采集操作。

(二) 企业服务总线

ESB 是 SOA 技术架构落地的一个基本部件，是一个实现了通信、互连、转换、可移植性和安全性的标准接口基础软件平台，可以满足平台接入的业务系统及用户对数据和应用服务的调取、发布和交换需求。政府数据交换与共享平台可以采购国内厂家的 SOA 产品，并根据实际业务需求进行二次开发。虽然有些 ESB 产品上设计了多种功能，但是却丢失了 ESB 本身最强大的连通性方面的功能，因此政府数据交换与共享平台企业服务总线除了可以提供路由服务、消息协议转换服务、消息通信服务、服务编排、信息发布和订阅服务、安全服务及数据传输服务等基本功能外，还需要在 ESB 注册多种服务和组件，在需要时，通过 ESB 进行调用。

1. 路由服务

路由服务可以根据业务名称对服务进行消息路由，控制消息的存储和分发，实现数据交换路由解析功能。路由服务可以提升业务系统之间的松耦合性，即数据的发送方可在不知道数据接收方的通信协议、数据格式、所处位置和运行状态的前提下发送数据。

ESB 提供的路由功能包含静态路由、动态路由、广播、消息拆分、聚合、穿透等方式。路由功能可以增强在 ESB 上部署业务逻辑的能力，降低应用之间进行通信所需要的服务负荷。

2. 消息协议转换服务

转换服务包括协议转换和格式转换，通过转换来解决交换节点间协议差别和异构等问题。

协议转换：在请求方和服务方之间进行协议转换，解决异构系统之间由于通讯协议不同而不能互联互通的问题；ESB 直接支持国内政府信息化建设过程中普遍采用的 SOAP/HTTP、JMS、Http/Https、Socket、JDBC 等标准协议。

格式转换：格式转换可以对请求方和服务方之间的消息格式进行转换，解决异构系统之间由于数据描述方式不同而造成的问题；还可解决不同业务应用程序的本体和语义的异类问题。

3. 消息通信服务

消息通信服务主要包括同步和异步通信以及即时和定时传输，并支持多种传输方式，如订阅和队列请求方式；支持多种通信模式，如数据的发布和订阅、请求和应答等通信模式；支持可靠传输，如断点续传、分块传输等功能；提供事务支持功能，即发送方只有在成功发送消息后，系统才删除消息队列中消息的功能；支持编码和解码功能，即按照数据交换代码页对数据进行编解码；支持数据压缩和加密、解密功能，即平台支持数据传输过程中的数据压缩和加密处理，以保证数据传输安全；支持结构化及反结构化功能，即对非结构化数据进行结构化处理并传输，也可对接收到的数据进行反结构化处理；支持地址转换功能，即平台可以对逻辑业务地址与网络地址进行转换。

4. 服务编排

ESB 的服务编排是技术层面的服务整合，但 ESB 的服务整合是无状态的，请求与请求之间相互独立，没有时间先后顺序。因此政府数据交换与共享平台针对业务流转的服务编排，需要由应用服务层企业应用集成 EAI 提供。

5. 服务注册和服务订阅

服务注册可以提供一个单一来源的目录元数据，用以存取和配置服务，包括数据细节、技术接口、拥有实体、相关政策和XML 模式。服务注册提供了数据服务的发布、数据目录和数据分类功能，为平台用户快速找到所需数据提供帮助。

服务发布：平台系统提供对注册数据资源信息发布的功能，为平台数据共享提供渠道。

数据资源目录：为在平台注册的数据资源提供分类、编目、查询和管理的功能。

服务订阅：是指数据使用者按照业务要求配置数据采集模块和调用模块，并设定更新频率，以实现对调用数据的功能。

6. 服务监控

服务监控是 ESB 支撑业务可视化特性的关键功能。ESB 提供多维度的统计分析功能，同时，还提供灵活的扩展接口，以满足平台用户对平台服务情况的监控需求。

7. 数据传输服务

数据传输服务执行数据传输或接收功能。数据传输服务可以提供 JMS、Web Services、FTP、HTTP/HTTPS、IIOP、RMI、File 和 Socket 等多种方式的数据传输模式。

8. 安全服务

安全服务主要由访问安全、防窃取和防篡改三部分组成。

访问安全是指通过用户名、密码、IP 或签名等机制对服务访问者进行身份识别，同时，根据事先分配的权限对用户的访问行为进行控制。

防窃取是指数据通过 ESB 进行传输的过程中，平台采取 MD5、DES、SSL 等加密措施对数据进行加密，以保障在数据交换与传输过程中的数据安全。同时，平台还具有数据合法性验证功能，能够实现对交换平台与应用系统之间传输数据的合法性验证，确保数据的可信交换。

防篡改是指平台在数据传输过程中采取数字签名的方式，防止数据被第三方篡改，以保证数据的正确性和完整性。

9. 服务质量（QoS）

服务质量是实施服务级别协议（SLA）的重要基础支撑，服务质量功能可以确保平台使用者和参与者对平台性能和可靠性的要求，使交互服务的质量得到保证。

(三) 数据处理服务

数据处理服务可以对平台采集到的数据进行同步、校验、格式转换、清洗及对比，以确保数据的准确性、真实性和可用性，并将唯一且准确的数据存入主题数据库和公共基础数据库中。

1. 数据采集

由于共享数据的字段信息来自多个平台与业务系统，所以需要通过采集的手段来实现数据共享。数据采集程序需要对外部共享数据进行定时采集，这种采集方式要求数据提供方在共享数据前，要将数据信息在 ESB 上进行注册，以确保 ESB 可以定时或实时对注册数据进行采集。

2. 数据同步

数据同步是指平台实时将数据自动同步到业务系统共享数据库，以确保业务系统与数据交换与共享平台的数据一致性。

3. 数据校验

数据校验是指对采集到缓存库中的数据进行数据合法性校验。系统支持的基本校验规则可以根据需要对其进行配置，如对字段类型 (数字型、字符型、日期型等)、字段长度、是否为空字段及字段唯一性进行校验。

4. 数据转换

数据转换是指通过比对数据项的定义，对接入数据交换与共享平台的数据按条件进行筛选的功能。数据转换功能支持数据表名称和字段名称转换，包括一表对一表转换，一表对多表转换，多表对一表转换；支持数据表名称和字段名称转换。本功能还支持各种主流关系型数据库之间的数据交换，如 Oracle、SQL Server、DB2、Sybase、Access、MySQL 等类型数据库；支持

HBase、Google Bigtable 等分布式存储数据库；支持非结构化数据库之间的数据转换，并支持 Excel、Word、PDF、TEXT 等多种文件类型的转换。

5. 数据清洗

数据清洗可实现对业务部门原始数据的清洗过滤，其主要功能包括清洗配置和清洗过滤。清洗配置是指数据清洗过程中对相应的规则进行定义的功能。清洗过滤是指系统根据清洗配置的定义，完成对交换后数据的清洗过滤功能。清洗后的数据可以组成业务系统的共享数据库，从而为平台提供数据资源。

6. 数据对比

数据对比是平台解决数据不一致的必要手段，也是建立政府基础信息数据库的前提。当同一个名称的数据来源于多个平台且没有参考基准时，需要通过数据对比功能发现不一致的数据项，以便进行处理，如人工核对后校正，或保留多个版本。

数据对比功能支持多个数据源的对比，将对比一致的数据项存入公共基础数据库和业务系统共享数据库；将对比不一致的数据项加入清单，以供数据审核员审核。审核员可以在选择或修改数据项后，将单一版本或多版本的数据发布到公共基础数据库或业务系统共享数据库中。

(四)目录管理与服务

目录管理与服务包括信息资源目录和信息资源编目管理功能。

信息资源目录是以目录方式实现资源共享，是数据交换与共享平台实现数据资源共享的有效手段。平台使用目录体系可以以更灵活的方式实现更多应用系统及更多数据资源的接入与共享。

信息资源编目管理作为数据交换与共享平台信息资源目录体系的载体，可以被看作是一种非落地的信息共享模式。在目录式共享模式中，各应用单位对各自共享的资源有完整的控制权。

第六节　基于云计算的地理信息共享服务模式研究

一、云计算的地理信息共享服务模式

地理信息公共服务平台在地理信息空间框架数据的基础上，以地理信息系统为主要管理工具，整合与空间信息有关的非空间信息；以宽带网络为载体，以各种信息终端为媒介，为政府、企业和公众提供地理信息服务。地理信息公共服务平台的建设，实现了对全市乃至全省基础地理信息的平台统一、建库统一和管理统一，有效地解决了"信息孤岛"的问题。目前，国内学者对地理信息公共服务平台已有诸多研究。然而，地理信息公共服务平台所应用的数据量非常庞大，因而如何有效地组织管理这些数据，是地理信息公共服务平台构建所面临的一大难题。云计算技术的发展，可以很好地解决这一难题。

本节旨在云计算技术的支撑下，将成千上万台电脑和服务器连接在一起，构成"云脑"系统，并将地理信息公共服务平台中庞大的数据存放于"云脑"系统，政府部门通过政务网，企业和公众通过互联网获得权限登录"云脑"系统，获得相应的数据和服务。

二、云脑系统下服务平台的应用

(一) 云脑系统的访问

云脑系统的访问是通过登录来实现，它的登录和如今的个人计算机登录没有本质的区别，都是通过登录界面进入自己的操作系统桌面进行操作，唯一的不同就是云脑系统的登录是登录到一个远程架构所构成的虚拟计算机系统中，而个人计算机的登录则是登录到自己的实际计算机之中。根据用户性质的不同，可以将用户端登录分为：政府部门通过登录云脑系统进入政务网；企业和公众通过登录云脑系统进入互联网。他们可分别被授得相应的权限，以获得相应的服务。

(二) 服务平台的应用

通过登录云脑系统，便可应用服务平台所提供的服务、资源。地理信息公共服务平台应用系统包括政务网门户系统和互联网门户系统。

政务网门户系统是为平台用户提供使用指南和综合服务，也是充分展示地理信息公共服务平台所有服务的窗口。各类专业应用系统通过调用平台的各类服务，实现对平台资源的在线利用。政务网门户系统包括二维门户系统和三维门户系统。

互联网门户系统主要提供包括对各个在线服务的访问功能和相应的网页界面，提供地图 (包括影像地图) 浏览、地名查找、地址定位、空间查询、地名标绘、数据查询选取、数据提取与下载等功能，以及对各行业系统提供相关的地理信息服务。

本节在云计算理论和技术的基础上，对地理信息公共服务平台的构建及应用提出了新的构想。将大量非本地计算机和服务器连接在一起，构成"云脑"系统，将地理信息公共服务平台中庞大的数据、软硬件等存放在云脑系统中。政府部门和企业、公众分别被授予不同的权限，以获取相应的服务、资源等，很好地解决了因地理信息公共服务平台中数据量的庞大而使得数据库改进、重组、日常维护及安全管理变得困难的难题，大大提高了工作效率。

然而，云计算技术还处于起步阶段，还有许多技术发展得不够成熟，如所有的基础地理信息数据、软硬件等都是存放在虚拟的云脑系统资源池中，而不是存放在个人的计算机中，这对数据的安全性提出了挑战；云脑系统是由成千上万台电脑组成的机群，如此庞大的机群系统，也对保证其正常的运行，及时地发现问题、解决问题等提出了挑战。要解决以上的问题，应在此基础上做出更深层次的研究。在云计算不断发展的时代，地理信息公共服务模式也在不断地革新。相信云计算在地理信息服务、GIS等其他行业领域的应用，会越来越广泛。

第四章

云计算环境下大数据安全

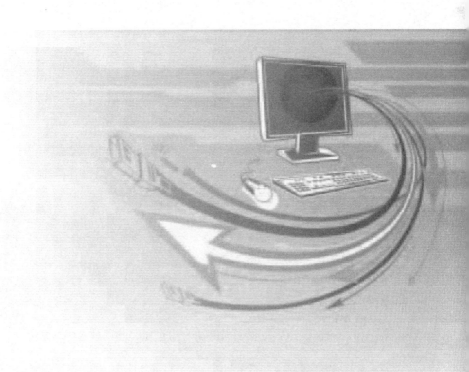

第一节　云计算环境下大数据安全隐私问题与保护

一、常见的基于云计算的大数据安全隐私问题

(一) 远程数据的完整性

在云计算平台投入使用的过程中我们发现，相关用户通过云平台上传数据后，无法对数据传输的完整性进行科学的检验，缺乏检验的方法和环节就像没有"保护膜"。相关数据的完整性一旦受到破坏，在给相关用户造成很大的麻烦的同时，还会导致一个结果，即大大降低了相关用户对云计算平台服务的信心。

(二) 用户加密

为了保证信息的安全性，大部分计算机用户在使用云计算平台的储存服务时，都会通过一系列的操作对数据信息做加密处理，这对云计算平台来说，大大地增加了对加密信息的分析难度，容易出现数据分析方法失败的问题，从而影响用户使用感受。

(三) 云计算结果的正确性

云计算技术是整个云计算平台的核心技术，也是最为重要的服务手段，而为了保证服务质量的体现，就是保证云计算对各种数据进行分析处理的正确性和安全性。

(四) 数据计算的隐私保护

对数据计算的隐私保护不仅包括进行数据计算的信息本身

以及计算结果，在具体的数据计算过程中，访问模式和访问历史等都需要云计算平台给予安全隐私保护，如此才能更加全面地避免给相关用户造成不必要的损失。

二、云计算环境下大数据安全隐私问题保护措施

要想有效解决云计算环境中大数据安全隐私保护问题，就要从云环境下大数据处理使用过程中的四方面实现，比如数据存取、搜索、计算及共享。

(一) 使用混合云

云计算中实现大数据存取能够通过两种方式来实现，也就是公有云及私有云。公有云也就是网络公用数据信息存储空间，具有较强的开放性，并且存储空间较大，其中的数据信息较为丰富，能够供网络用户随时使用。私有云是公司企业的私有，也是企业为了有效满足业务发展及企业运行需求自主使用云空间，其存取数据信息主要包括公司财务信息和业务数据等，具有较强的私密性和较高的保密机制对其进行全面的保护。要想能够有效实现数据存储的安全性，并且还能够有效节约使用的成本，企业能就要私有云和公有云两者结合使用，从而有效满足不同数据的存取需求，还能够有效保证企业中私密数据的隐私性和安全性。

(二) 使用加密数据搜索模式

在对数据进行搜索的过程中使用加密保护方式主要包括两部分，也就是传统信息加密存储和全新的云服务器加密文件，前者需要实现数据检索之后到本地进行下载，之后进行解密，从而能够实现搜索，此种加密方式较为复杂，如果其中某个环节出现错误，就要不断重复操作，消耗的时间长，并且还会对实际的工

作效率造成影响。

(三) 根据实际需求进行数据共享安全防护

数据共享加密主要包括代理加密、云服务器加密及条件代理加密。代理加密主要是通过代理人、授权人及受理人的身份实现传递，并且还能够实现数据云端加密，其涉及的程序比较多；云服务器加密要求在使用数据过程中能够实现数据云端下载，之后通过公钥加密传到云端中，然后利用公钥加密到云端进行传入，其操作比较复杂，并且效率较低；条件代理加密是以代理加密为基础，添加加密执行条件，从而有效提高数据私密性，具有较高的安全性。

(四) 在数据外包中使用加密

大数据计算操作虽然简单，但是对于普通用户来说，要想能够维护云计算工具，具有较大的难度。那么，云计算代理公司就要创建不同需求的云计算服务。一般来说，数据传入到云服务器之后，就无法实现加密处理，常见的加密方式主要包括消息认证码、动态签名、动态加密及非交互可验证计算，上述加密方式都有自身的优势和缺点，所以用户要根据自身实际情况进行合理选择。

总而言之，云计算数据安全及隐私保护，与云计算技术发展水平及数据安全性具有密切的联系，所以要对其高度重视。在今后发展过程中要使用多种手段和措施，对云计算大数据安全及隐私保护重要性进行深入的分析，并且创建一定的安全隐私保护基础模型，从而有效提高云计算数据安全性。

第二节 云计算技术下的网络安全防御技术

一、云计算技术下网络安全隐患

当前云计算技术下计算机网络安全隐患所涉及的问题十分广泛，大致分为以下几个类别：

(一) 身份认证安全问题

身份认证安全问题即为在云计算环境下，第三方认证服务器非法获取用户信息，对用户认证信息进行窃取的行为，从而导致用户信息泄露、第三方认证服务被攻击等一系列问题。

(二) 审计安全

云计算机环境下的审计工作是对用户的各项操作行为进行跟踪，以便及时发现用户在操作过程中可能存在的各项安全漏洞。计算机网络审计安全问题所面对的就是审计功能丧失、审计记录丢失、审计判断错误等问题。

(三) 数据残留安全

数据残留即为在云计算技术下的数据通过普通手段看似被删除，但实际仍然有所残留，依然在存储介质上存在，非法入侵者可以将其复原，从而存在数据泄露的危险。

(四) 计算机网络通信安全

处于云计算机环境下，用户在传输使用过程中将面临网络安全等问题，服务器在被网络攻击时导致用户数据被窃取、用户数据被篡改等情况。

二、云计算技术下网络安全防御技术

(一)漏洞扫描技术

漏洞扫描技术即为对本地主机或利用远程控制技术对主机进行远程自动检测工作。对计算机中的 TCP/IP 服务端口进行查询，并且对主机的响应进行记录，收集特定项目中的相关数据。漏洞扫描技术的主要方式为程序安全扫描，在较短的有限时间内，程序安全扫描可以查找出计算机中的安全防御端，并且将其全部系统输出，便于程序员进行参考分析。

(二)漏洞扫描技术

防火墙技术即为对外部互联网用户利用非法方式进行内部网络，对内部网络操作环境进行高效保护的网络连接形式。在防火墙技术下，各项信息都会经过防火墙，根据防火墙的设置来进入互联网信息流当中，防火墙可以承受较为强大的供给，可以抵御黑客进入计算机系统，防止黑客破坏篡改计算机数据信息。

(三)完善网络接入系统

在云计算技术环境下，由于众多用户的操作终端都处于不同区域内，接入途径有有线接入，也有无线接入，因此要充分保证这两种接入方式的安全，可以采用身份严重、安全审计、IPSEC VPN 技术来实现网络算数加密工作，避免数据被病毒、黑客破坏窃取。

(四)进行服务器冗余备份

为了能够进一步保障云计算的数据服务器、应用服务器中的数据安全，可以使用在线或离线备份技术，建立多备份、多冗余的操作系统，以保证云计算网络的关键设备、数据、服务都拥有冗余运行能力。如其中某一套系统或设备出现故障，则可以及时运行备份系统，以保证云计算技术的正常工作。

(五) 运用数据挖掘技术强化安全审计

云计算技术下的网络安全审计工作可以根据既定的审计方式来对数据内容进行分析，对数据中的异常情况进行分析、以辨别出非法行为、供给数据等。因此，为了可以进一步提升网络安全审计的精准度，可以通过运用数据挖掘技术中的神经网络、遗传算法、K均值等技术，强化安全审计过程，以便能够更加快速、准确地发现非法数据。

总的来说，云计算技术下的网络安全防护技术是一个始终时钟处于动态发展的过程。网络安全防御技术伴随着黑客技术、木马技术、病毒入侵技术的不断改善而提升。所以，在网络安全防御体系中存在着众多能够拓展接口以及强化安全防御体系的技术，可以满足现代网络安全的防护需求。因此，要定期对防御技术、防御系统进行优化，以便准确发现网络中潜在的非法行为。

第三节 大数据云计算环境下的数据安全

一、大数据云计算环境下的数据安全问题

(一) 数据机密安全问题

大数据本身就是一种规模大到在获取、存储、管理和分析方面都大大超出了数据库软件工具能力的数据集合。所以在此过程中，保证数据信息的机密性，也就显得尤为重要。尤其需要规定，在数据上传和下达的过程中，只有被授权了的用户和数据的

持有者，才能够进行数据原始文件的访问和操作。但是在实际数据运用和传递的过程中，一些黑客和非法的用户会随意地对大数据云计算中存储的信息进行大面积篡改，从而导致用户信息泄露或者用户和云端存储的供应商没有办法获得正确的信息。2015年2月11日，知名连锁酒店中的锦江之星、速八、喜来登和洲际酒店等等的网站都存在高危漏洞，最终导致房客开房的信息大面积泄漏，黑客可以对包括顾客姓名、身份信息、家庭住址、信用卡后四位的数据等大量的敏感信息一览无余。

(二) 数据完整安全性问题

在云计算的过程中，相关的供应商一定要严格按照用户的需求来进行操作，并能够随时将数据存储到云端系统中去。这样一个操作的过程被称为"云数据的完整性"。此外，在用户对数据进行访问操作的过程中，我们也一定要保证数据的原始性，并在此过程中不能够对数据进行随意的篡改。在实际运用的过程中，一定要能够保证整体数据的完整性，并在这个过程中保证数据不发生丢失和篡改的问题。2015年4月22日，多省的省保障卡系统出现了漏洞，包括上海、河北、河南、山西等多地的社保系统出现了大量的高危漏洞，之后包括个人身份证、社保人员参保信息、薪酬制度和房屋等敏感的信息已经被泄露，后经查实，这是由于云数据安全完整性所引发的问题。

(三) 多方面网络存取问题

大数据云计算的后台应用程序相对来说比较复杂，最常用的方法是通过网络存取服务的方式来实现。虽然后台的存取程序相对比较复杂，但那时也为网络入侵者提供了非常便利的攻击条件，无形之中也就加大了大数据云计算终端系统的网络漏洞。

二、大数据云计算环境下数据安全防护措施

(一) 提高身份认证的水平

在大数据背景下使用云计算服务的过程中，整个数据安全机构的信任边界始终都呈现动态发展的趋势。在云计算机构网络的发展过程中，由于系统和应用程序的边界都已经扩展到了相关服务商提供的范围中去，很大程度上，部分数据的控制权已经在此过程中被大面积地分散，这会给已经存在的控制和管理模式带来巨大的挑战。如果此时不能够对其中的相关信息进行有效处理的话，则会真正阻碍机构更好地使用云计算服务，因此，在这个基础上提高身份认证，也是不错的方法。身份认证水平最主要的方法就是以底层基础构架为依据，通过将不同用户账户的信息保存在普通的文件中，从而能够更好地进行身份和密码的验证。

这种提高身份认证水平的方法主要还是要建立一个统一的身份证和授权系统，然后再进行操作。一般可以分以下三个步骤来操作完成。第一，用硬件信息绑定和生物技术识别的方法对用户的信息集中进行认证；第二，对不同级别的用户进行网络区域的划分，之后再对不同级别的用户进行定义，最终完成云计算资源访问的集中授权；第三，对于长期不使用的账号，可以对其进行激活或者取消，用户在同一时间登录账号时，只能够在同一地点进行登录。

(二) 做好数据备份的工作

随着科学技术的发展，数据存储的方式会变得越来越多，各种各样的移动设备也正在被广泛地应用到广大的用户中去，这使得数据被破坏的可能性进一步增加。在很多使用的情况下，数据是不能够被很快恢复的。因此，加大移动设备的数据备份和安全

管理，也就显得尤为重要了。如果用户能够提前将相关的数据更好地传送到云服务器中，并能够更好地保证数据本身的安全，那么也就能够更好地防止数据在使用的过程中被破坏。从结构上来说，每个云服务器都存在着若干个非常可靠的数据发散中心，只是有些备用端口显得非常陈旧，所以不到万不得已，不采用数据备份的方法来保证数据运用中的安全。目前，百度云数据推出了数据备份的方案，用户可以把自己平时在使用的过程中觉得重要的数据做一个全面的备份。

（三）不要让云计算处理所有类型的工作

在工作处理的过程中，因为云计算系统本身就存在着一定的漏洞和缺陷，而且在类似的系统中，还没有任何一种系统能够在使用的过程中做到毫无缺陷。所以不要在云数据环境下存放所有重要的数据。在使用相关数据的过程中，大家更加要更好地把握相关的安全性和主动权。此外，用户在使用的过程中也可以建立一个只属于自己和面向自己的私有大数据云，这样可以使得整个云计算的环境变得更加稳定。同时，在使用的过程中，也要做好一定的保护措施。

（四）加强对数据的访问和控制

对于复杂的云计算系统控制情况，我们必须使用相应的访问控制技术来对整个环境进行维护和控制，必要的时候，也要对不同类型的信息进行完整的隔离。在对云数据进行访问和控制的过程中，多种安全功能的支持显得非常重要。在访问的过程中主要包括三种模式。第一，被称为自主访问，它所有的控制权都由其客体的所有者来决定，主要的功能是用来决定主体是否具有访问权限或者其他类型的权限。自主访问模式主要被运用于稳定的环境中，通常可以被运用于小户群体的管理中，但自主访问模式的扩展性比较差，而且非常不容易被维护，所以通常使用的范围并不是很广。第二，由用户来决定访问的策略，被称为基于角色访问的策略。它主要适合在一个机构中执行用户所需要的功能来获得用户角色时使用。为了能够获得更好的管理效果，用户也可以使用相同的角色来进行用户管理。第三，如果自主访问模式和基于角色的访问模式使用的效果都不好的话，那么就可以使用强制访问的控制方式。强制访问的控制策略是由系统来决定的。在使用的过程中可以利用敏感性的标签分级指定实施。如果在此过程中，主体想要访问客体的话，那么主体的标签就必须有较好的支配客体的权利。就三种控制方案来说，强制性访问控制方案本身具有较好的数据安全扩展的能力，相比而言，将会与云计算环境更加匹配。

第五章

云计算环境下的数据共享平台

第一节　云计算时代下数据挖掘技术

一、数据挖掘技术的简要概述

(一) 具体内涵

数据挖掘技术指的就是通过提取被挖掘对象文档中的相关信息数据，在对其进行分类整理和深入分析之后，进行数据计算等操作以及对数据进行科学预测，并妥善存储保管数据的一种技术。因此在数据挖掘技术当中包含了若干种不同的子技术，但其并不是只对其中的某一项技术进行运用，而是通过将各种信息数据处理技术进行优化整合后的技术。

(二) 分类聚类

在相同的交易数据库中，利用项目之间的具体关系，可以使用例如线性规划或是神经网络等相关数学方法，用于对信息数据进行科学分类，而通过合理利用现代化、专业化的软件，也能够及时归纳和总结出将数据项分组的方式方法。通过数据挖掘中的聚类技术，可将同类型的数据明确规划在一起，为日后数据的查询、应用等提供了巨大便利。

(三) 分析预测

数据挖掘技术中的分析和预测技术，能够通过对自变量之间的关系、自变量与因变量的关系进行深入挖掘和分析研究，进而将其代入到具体的实际案例当中，完成信息数据的科学预测。譬如说将数据挖掘技术运用在企业当中，则可以通过分析销售额与净利润之间的关系，对未来产生的销售利润进行科学判断。

(四)序列模式

序列模式同样也是数据挖掘技术当中的一项重要组成部分，其可以通过按照时间顺序，深入分析数据之间的内在关联，从而判断出数据的核心内容以及其重要程度等，为数据挖掘的实际应用奠定良好基础。

二、云计算时代下数据挖掘技术的应用

(一)账户管理

云计算时代下，利用数据挖掘技术构建起的数据挖掘平台，其在账户管理方面主要负责收入与支出明细和账户余额、历史记录的浏览与查询。其中，支出明细主要是用于详细记录用户使用云计算的具体付费服务及其他相关账目明细，而收入明细则主要用于详细记录用户使用数据挖掘技术得到的数据资源以及购买和使用普通挖掘算法，并对其进行优化过程中的报酬明细。账户余额则是用于计算收支差额，用户在登录以及使用数据挖掘技术下产生的所有操作记录，均显示在历史记录当中，方便用户随时随地进行查询。

(二)数据管理

云计算时代下数据量陡然增加，用户不仅拥有自己的数据，还可以结合实际需求对数据进行买卖，从而获取新的数据，而在此过程当中则需要利用云计算的 DaaS 服务模式完成相关数据管理。用户通过登录数据挖掘平台，能够准确搜索出自身所需数据资源，同时也可以向数据挖掘平台提供自己的数据，并从中获得一定的报酬。为了方便对不同数据进行统一管理，在数据挖掘平

台当中，通过运用数据挖掘中的分类聚类技术，将数据按照我的数据、采购数据和卖出数据进行规划分类，将用户全部的数据资源存放管理在我的数据当中，而用户购买的数据资源则被统一放置在采购数据当中，并按照采购的时间顺序进行清晰排列，方便用户的浏览查询。在卖出数据当中，也将按照一定的时间序列详细罗列出所有的数据交易记录，同时，利用分析预测技术可以对卖出情况最好的数据进行分析，进而预测出最受欢迎的数据类型。

（三）算法管理

在数据挖掘技术当中，其需要通过一系列的算法，譬如说Apriori算法、频繁模式增长算法等等用于挖掘、分析、预测、计算和存储数据，同时，还需要结合用户的实际需要对算法进行优化和转换，因此在算法管理当中主要包括系统算法、自定义算法的管理以及历史记录，在系统算法当中能够将现有的各类数据挖掘算法及其简单介绍等清晰展示出来，同时，用户可以在算法历史记录当中查询出自己每一次使用的具体算法及其计算过程。

总而言之，随着我国在科学技术领域研究的不断深入，云计算技术越来越完善，其应用范围和程度也获得了不同程度的发展。而将其与数据挖掘技术进行有机融合，能够通过二者的优势互补，实现海量数据的快速分析、计算、存储等一系列操作，使得数据挖掘工作的效率与质量得到大幅度提升。相信随着时代的发展与时间的推移，未来云计算技术与数据挖掘技术还将得到进一步的优化完善，进而更好地为数据挖掘工作提供更多的便利。

第二节　云计算模式的政务数据中心建设运维实践

一、初期建设问题

在技术层面上，一是监测系统不完善。初期建设中已部署网络监控软件、防病毒软件、防火墙及 IPS 等网管监控软件，可对信息系统运维中的某一层进行监管。但对资源利用、系统使用、用户体验等层面，缺乏有效的监控和管理。具体表现在信息交换情况不清晰、资源利用率和使用情况不透明、业务应用系统使用情况无法掌握，不能在第一时间对系统故障点进行定位及确认故障影响范围等方面。二是容灾备份有待加强。初期建设中一些重要信息系统尚未实现完备的容灾备份，如果主数据中心发生重大故障，将导致一些重要应用无法提供。三是存储设备存在单点隐患，设备之间没有冗余保护，单台磁阵发生整机障碍时，会影响整个存储池的正常工作。四是云计算资源较紧张。随着政务数据中心几年的运行使用及"智慧南京"建设需求的不断增加，政务数据中心为各机关部门提供的基础设施和政务网络承载能力逐渐满荷。

在管理层面上，一是部分部门未迁入。由于各机关部门电子政务各自发展时间已久，不同平台、线路、设备等原因不利于统一规划，不易融入政务数据中心云服务。此外，一些重点业务单位已自建信息化管理部门，且掌握重要数据资源不便融入数据中心。二是服务管理待改进。政务数据中心对外基础服务管理尚不到位，包括精细化程度不够，原始资料不够完整，情况掌握不够全面，工作流程不够清晰，责任边界不够明确等。受监测系统不完善的影响，一些本由用户单位引起，也应由用户承担或解决的问题上升到责任单位层面，影响了运维效率。如用户单位的网站安全防护未整改到位被作为跳板攻击其他服务器群；用户单位的数据库结构没有优化，提出云平台提供的资源不充足、不稳定，从而质疑政务数据中心服务能力。三是托管服务待提高。在运营商托管模式里，本应统一、规范、标准的服务模式没有得到全面落地。服务不到位，响应不敏捷，处理不及时等问题导致个别进驻单位产生意见。

以上问题集中在用户单位、建设单位、责任单位三者之间，除了需要政务数据中心继续解决技术问题，还需要进一步细化规章制度，明确各个单位的责权范围，贯彻制度到位与责任到位。

二、政务数据中心扩容扩建

(一) 加强政务数据中心机房承载能力

进行政务数据中心重点机房扩建工作，目前已有人社局金保二期、房产局及政务数据中心容灾等设备进驻机房，并投入使用，优化了全市智慧城市运行相关系统的运维环境。

(二) 增强网络与信息安全保障能力

一是在技术方面完善了"双活""灾备""数据备份"等安全技术设施，并对网络、网站与应用系统的漏洞进行排查、通报与整改。二是在管理方面将月度监测与信安办、公安局对重要网站及系统的例行巡检相结合，强化网络安全应急演练，完善应急处置预案，针对网页篡改、DDOS 攻击、黑客控制系统等安全事件进行攻防演练，确保网络网站的安全稳定运行。

(三) 推进信息资源的交换共享与开发利用

一是数据资源交换共享工作。以应用为导向，拓宽数据交换范围的同时，也提升信息资源共享的质量。近期新增了环保局、水务局等首次交换接入单位，已接入的单位新增了全市工商登记信息以及公安的户号信息等数据交换项。除向财政、国税、地税、人社、残联等部门推送数据以外，还新增向市公安局指挥中心、市检察院、市食药监局、市交通局等部门进行数据推送，在不含 GPS 数据的统计下，全年交换总数据已达 12 亿条。大量的数据资源充实完善了居民、企业、政务和城市运行四大应用信息库，形成了全市统一的跨部门数据共享交换平台。

二是智慧南京中心应用工作。智慧南京中心是智慧南京建设的重要实体展示平台，起到决策辅助和协同指挥的作用。该平台依托数据资源不断扩展应用，目前已对公安、交通、环保、气象、水务等 28 个部门的城市运行数据开展综合利用，其中，视频监控数据达 1 万余路，实现了对城市运行状况的综合、实时和直观展示。

(四) 完善政务数据中心管理规范

完善用户单位与政务数据中心间工作流程，拟定含服务条款、技术条件及经济条件三方面的服务协议，规范了政务数据中心所提供服务的权利、责任、条款和条件。

制定配套管理制度，发布《服务申请指南》《服务申请填写说明》《服务申请表》等支持性文档，出台《南京市政务数据中心管理办法》。

同时，与建设单位加强工作例会、汇总汇报、合同协议等工作机制。充分利用新建成的云管理平台对建设单位、用户单位、责任单位进行长效管理，大大提升了政务数据中心的运维效率与效果。

(五) 政务数据中心发展方向

南京市政务数据中心按照统筹规划、集约建设、资源优化的方向，以实现电子政务网络、数据、应用和服务的统一集成为目标，通过7年的建设实践，一步步提升了运维能力、承载能力、覆盖能力和安全保障能力，有效促进了全市政务IT资源的整合共享与综合利用。在未来政务信息化工作中，将继续推进云计算平台、政务网络、数据平台等基础设施建设，从而推动窄带物联网、虚拟现实、区块链等新技术的应用，形成网络互联互通、运营协同一体、资源充分共享的良好格局。

第三节　云计算的军队院校图书馆科学数据安全监管

一、军队院校图书馆科学数据特征与安全形势分析

(一) 军队院校图书馆科学数据特征

军队院校图书馆的科学数据属于特色的信息资源，不仅具有信息资源的共有属性，也具有安全性高、明确的指向性等特征。从类型上来看，不仅包括图像、音频、图片、文件等，也包括战例、军事演习文书等。这些科学数据对于军事教学、科研具有明确的指向性，表现在其开发利用的主要目的在于满足军事需求。同时，与常规高校图书馆的科学数据管理方式不同，军队院校图书馆的科学数据具有专业性，侧重于军事应用的某一领域，体现

了不同军事院校的资源特色。此外，军队院校图书馆的科学数据具有保密性，对存储的安全性要求较高，其中涉及与军事战略、国防安全相关的信息，一旦泄露，必然造成严重影响。

(二) 安全监管的外部环境威胁

互联网时代数字化资源的迅速增多，促使军队院校图书馆引入大量信息化管理技术，实现对馆藏科学数据的高效管理。当前军队院校图书馆的信息环境，主要包括数据资源、基础软硬件和应用系统等。由于我国在信息技术领域拥有的知识产权较少，大量信息化设备均依赖进口，这就导致军队院校图书馆在科学数据监管方面，长期受到非国产化信息技术的威胁，进而增加了军事信息管理的风险。同时，面对复杂的网络信息环境，军队院校图书馆若无法有效应用信息化设备，很容易受到不法分子的攻击或病毒入侵，进而导致军事机密被窃取。此外，由于图书馆部分人员缺乏信息安全意识，没有依据规范进行各项操作，这也增加了安全监管风险。

(三) 安全监管的内部因素影响

随着互联网技术的广泛应用，我国军队院校加大了信息化建设力度，在科学数据管理与共享上，也开展了一系列实践，但是部分军队院校图书馆依然存在信息化观念淡薄，缺乏开放获取理念，本位思想严重等问题。部分军队院校图书馆在信息化建设方面，由于缺乏数据管理标准，不同系统之间缺乏兼容性等，极大增加了信息检索与传递的难度。而不同数据库、操作系统之间由于缺乏统一的数据描述与文献引用规则，严重阻碍了军队院校图书馆的信息资源共建共享。部分军队院校图书馆由于缺乏安全保密技术，为避免信息化建设引发的安全风险，大多不愿意将馆藏资源数字化，如何在科学数据共享与信息安全保障方面寻求平衡点，是当前亟待解决的问题。

二、军队院校图书馆科学数据监管的作用与需求

军队院校图书馆的科学数据具有复杂性和脆弱性，对这些数据资源进行全周期安全监管，不仅保存了大量科研成果，避免了信息遗漏和重复建设，而且也提升了科学数据的利用价值。

(一)科学数据监管的作用

在科学数据产生、传播与利用的整个周期中，对其进行质量控制、管理与维护，这就是科学数据监管。对科学数据的监管具有动态性，需要随时补充与完善，对于科研活动的开展，也有支撑作用。科学数据自产生之初，就需要采取合适的方式进行严格监管，进而满足科研活动的需求。军队院校图书馆的科学数据具有特殊性，对安全性和保密性要求高，对这些数据资源进行安全监管，不仅方便科研人员的获取与利用，节省科研数据采集时间，也可以进一步挖掘其中的科研价值。同时，由于科研人员大多采用光盘刻录的方式存储信息，而光盘的维护成本高，极易出现毁损、丢失，需要军队院校图书馆做好管理工作，实现对科研成果的长期保存。

(二)科学数据监管的流程

军队院校图书馆的科学数据涉及多个专业，对于数据资源全周期的监管，应该有规范与清晰的流程，进而保障数据监管效率。首先，军队院校图书馆在接收科学数据后，应该根据数据的类型、结构与特点，选择合适的存储方式，并对数据文件进行检验、审核与评估，保障科学数据物理层面的安全性。其次，在进

行格式转换、数据描述后，将这些数据上传至图书馆数据管理系统中，采用动态存储的方式，实现科学数据的及时补充与更新，避免由于系统革新对数据管理产生的影响。此外，开展广泛的用户需求调研，了解用户对科学数据的应用需求，实现对科学数据原始内容的准确标注，避免重复建设与误读，促进科学数据在不同系统之间的传递共享。

(三) 科学数据监管的需求

军队院校图书馆科学数据安全监管工作的实施，是推动图书馆服务转型的良好机遇。然而科学数据监管要求引入先进技术，建立稳定的数据存储与管理系统，明确不同要素之间的联系，保障软硬件设施、人员与规章制度等要素之间的协同性。在互联网环境下，军队院校图书馆必须通过对用户行为、服务器运行数据、系统监控数据等进行采集分析，准确判断用户对科学数据的应用需求，为图书馆服务模式变革提供决策依据。为提高科学数据监管的有效性，军队院校图书馆必须增加网络传输、数据监控设备，加强对以用户为核心的感应层、传输层的数据监管，避免由于数据激增而影响到应用系统的信息存储与处理效率，缓解系统在数据采集、评估与管理方面的压力。

三、云计算应用于军队院校图书馆科学数据监管的可行性分析

随着云计算应用范围的扩大，其以安全性、经济性和超强的计算能力，逐渐得到各行各业的密切关注。将云计算引入军队院校图书馆科学数据监管中，可以提供良好的云存储环境，解决数据资源的安全存储与传输问题，为科学数据共享提供新途径。

(一) 提供安全稳定的监管环境

目前欧美国家均将云计算纳入国家发展战略，注重云计算在军事信息管理与政府服务中的应用。谷歌、IBM 等云供应商也制定了一系列云安全策略，能够通过先进的资源存储与管理技术，使得数据资源在云端更加安全可靠。借助云计算对军队院校图书馆科学数据进行管理，实现对信息网络的严格监控，由专业云服务商提供技术支持，能够营造良好的科学数据监管环境，提升军事信息的安全程度。将军队院校图书馆的科学数据存储于云端，可以实现对科学数据的冗余备份，保障不同类型数据的均衡负载，避免由于个人计算机出现故障而导致的数据丢失、信息泄露等问题。

(二) 提供强大的并行计算能力

利用云计算强大的并行计算与处理功能，实现对异构军事信息的整合与优化处理，将其交由云端进行统一管理，不仅可以克服科学数据重复采集的弊端，减少并消除"信息孤岛"，也可以营造稳定、高效的信息共享空间。云计算的应用可以借助分布式数据库技术，建设云计算中心，通过资源分配与任务部署，将复杂的计算分配给多个虚拟机，减少数据计算与处理时间，提高系统运行效率。云计算能够发挥超级计算机的作用，通过开放 API 拓展功能模块，依据用户个性化需求，提供具有伸缩性、灵活性的存储与计算服务，并且实现科学数据的实时更新与补充。

(三) 降低科学数据管理共享成本

基于可信云计算构建军队院校图书馆科学数据监管平台，能够将大量经济、实用的常规网络设施，整合为具有高效计算能力的存储资源池，在保持信息环境不变的情况下，提高系统的整体存储与管理性能。云计算能够实现对基础设施的虚拟化处理，节省科学数据存储与维护成本，提升网络设备、服务器的运行效率。利用云计算实现对科学数据的云端管理，不仅可以减少图书馆人力、物力的成本，避免资源重复建设，实现科学数据共享，也可以将复杂的平台监控与维护，交给专业的云服务商处理，以减少图书馆员的工作量。对于用户而言，云计算支持移动终端运行程序，方便借助智能终端设备浏览和检索信息，营造了安全、高效的服务环境。

四、基于可信云计算的军队院校图书馆科学数据安全监管平台构建

在对军队院校图书馆科学数据进行标准化处理的基础上，借助可信云计算技术，建设科学数据安全监管平台，实现对各类信息资源的高效整合，采用云端集中管理的方式，提高科学数据利用率，切实保障科学数据的管理安全。

(一) 平台的总体架构

通过对云计算关键技术进行深入分析，充分利用现有的技术资源与设备，建设基于云存储的科学数据监管平台，保障不同功能模块与外界信息环境的有机结合，进而实现科学数据的最大化利用。首先将军队院校图书馆的所有软硬件资源集中于虚拟系统中，建设基于云计算的科学数据监管平台，借助 laaS 对科学数据资源进行整合，然后安装支持平台运行的基础设施，营造基于PaaS 的网络服务环境，为图书馆用户提供优质的平台服务。最后基于各类应用系统的支撑，建设具备交互性、共享性的应用层服务环境。军队院校图书馆基于云计算的科学数据安全监管平台的总体架构，该平台大致分为数据层、虚拟化支持层与应用层三部

分，由与网点群连接的应用系统构成应用层；由操作系统、数据库管理系统、虚拟机等构成虚拟化支持层；由服务器与磁盘阵列构成数据层。

（二）平台的功能实现

数据层主要依托资源标准化工具与策略，实现对科学数据的统一编目、采集与导入，以整合有序的科学数据视图的方式，存储于索引库或数据库中，实现对军队院校图书馆科学数据的云端集中管理，为上层服务提供标准的资源目录。虚拟化支持层的功能实现，主要应用了云存储、并行计算等技术，能够实现对复杂任务的处理，通过高效调配与处理虚拟资源，提高平台的整体运行效率。同时借助云存储技术，实现对海量科学数据的高效存储，提供开放的 API 模块，为创建具有创新能力的 Web 服务模式提供了便利。虚拟化支持层主要应用虚拟化软件，对异构的基础设施进行逻辑处理，将分散的网络设备、服务器等转化为各类资源池，实现对这些设施设备的统一管理与调度，为平台的测试、运行提供良好的环境。

（三）平台的监管策略

军队院校图书馆基于云计算的科学数据监管平台，具有较强的智能化管理能力，能够自动识别、分析与存档科学数据，实现对科学数据全周期的高效管理，以保证科学数据管理的规范、科学与合理性。由于军队院校图书馆大多采取分布式存储的方式，所以容易出现异构资源分配困难、存储介质不兼容等问题。这就要求图书馆提高云端存储算法的科学性，实现对科学数据资源的虚拟化管理。对科学数据管理系统的设计，应该保障结构简单，易于控制与操作，通过对管理系统与存储区域进行性能分析，实现存储空间的科学分配，保障不同应用系统的精简、自动化配置。此外，聘请第三方机构加入科学数据监管工作中，通过访问权限控制、数据加密等操作，保障科学数据管理、共享过程中的安全性，并为科学数据使用者提供隐私保护。

随着移动信息技术的不断进步，科学数据安全监管与共享成为图书馆领域关注的重点。云计算技术在军队院校图书馆中的应用，正好符合科学数据安全监管的发展需求。借助可信云计算建设科学数据安全监管平台，不仅能够保障军队院校图书馆科学数据监管的安全性、易控性，也可以促进科学数据共享的有益实践。

第四节　云计算的高校就业大数据信息服务平台

一、云计算的高校就业大数据信息服务平台构建的意义

伴随着我国高校就业工作向服务型、社会化和网络化的发展，基于互联网的高校就业信息化平台成为一种日趋常见和普遍的模式。目前高校就业信息化建设过程中也普遍存在以下几个方面问题：就业信息化技术人才缺乏；重应用轻理论，缺乏系统性和个性化的研究；缺乏统一规划，信息孤岛现象严重，无法共享；系统的管理维护困难，不便于整合和再开发。这些局限与不足限制了高校就业信息化的发展与深入。

云计算作为一种基于 Internet 以服务方式提供的新型计算模式，正在深刻改变着传统的用信息技术解决管理问题的方法。基

于云技术的高校就业信息化平台模型具有以下特点：

(一) 实现了就业信息系统开发和应用的分离，各高校只需关注业务创新与系统应用；

(二) 实现了统一规划，可以实现区域高校与高校、高校内部、高校与社会的数据共享；

(三) 支持系统的持续整合与改进。

基于云技术可定制的就业信息系统，还具有开发成本低、使用维护简单、软件项目部署周期短、风险低等优点，为进一步提升我国高校就业服务水平提供了直接和有效的方法与技术。

二、平台的整体架构模型

建立一个基于云技术的就业信息化平台。首先需要通过云计算平台搭建一个开放的、基于网络的基础设施环境，然后提供一整套包括分布式数据存储、大数据处理、就业信息检索、就业信息推荐、个性化咨询、信息反馈的基础服务平台。以满足用户弹性访问的需求，还要提供与高校和企业进行数据交互的系统接口服务、供内部开发运维人员使用的开发管理运维服务。最后高校和企业以租用的方式申请这些服务，管理自己的就业服务，从而节省开发运维、基础设施等方面的成本。共分为三层，从下到上依次为云基础设施层、基础服务层、自定义展示层。云基础设施层是平台的基础，提供硬件支持；基础服务层是平台的核心，负责数据的存储和处理；自定义展示层是平台的前端和入口，为用户定制自己的个性化服务。

(一) 云基础设施层

为满足多个高校与企业租赁高校就业信息化服务，平台需要承担海量的数据、文件、数据库里数据的存储和计算等。这就必然需要可扩展的、廉价的、可靠的和高性能的硬盘，高速的内存Cache 系统，具有弹性计算能力的 CPU 等硬件资源，以减少业务系统的响应时间，而云计算平台就可以解决这些问题。亚马逊的 EC2（Amazon Elastic Compute Cloud）、阿里巴巴的 ECS（Elastic Compute Service）是国内外两个最常用的商用云计算平台，用户根据自己的需求租赁云服务器。云服务器是一种处理能力可弹性伸缩的计算服务，其管理方式比物理服务器更简单高效。用户只需专注于构建应用，而将运维工作交给这些专业的厂商。除了商用的云计算平台，也可以选择开源的云计算技术搭建私有云计算平台，加州大学研发的 Euclyptus、NASA 研发的 OpenStack 均属于这类技术。

（二）基础服务层

基础服务层是就业信息化平台的核心，它的三大功能包括分布式数据存储、大数据处理与就业信息检索、就业信息智能分析。就业信息主要分为聘用单位信息、招聘信息、毕业生信息、学校信息四类。将这四类信息的有关数据存储在分布式的存储系统中，便于整个平台的横向扩展。就业的数据量很大，传统的串行处理方式就会成为系统的瓶颈，需要用到以 MapReduce 为代表的并行大数据处理技术。一个平台的就业信息难免不全面，通过就业信息检索来获取其他平台的就业数据，为学生提供更多的就业信息。传统的就业信息系统将最近的就业信息全部展示，作为数据量很大的就业信息化平台，使用智能分析模型，结合学生的专业、兴趣和企业的岗位要求，为学生推荐最适合自身的就业信息。

（三）自定义展示层

引入基于 SaaS 的多租户技术，实现高校就业信息化平台能够做到"一套网站代码，多个网站实例"的共享程度，而且这个共享不能以牺牲租户的个性需求为代价。根据租户的这些个性差异化需求，多租户网站自定义技术解决页面组织、页面风格、业务字段、业务种类重组、工作流程可配置定义。

基于这个平台，有专门的运营商负责技术、运维，而将就业信息化作为一种服务，然后提供给各个高校和企业。各个高校只能访问自己专有和共享的服务，按照自己的需求配置个性化的 Web 界面。

三、就业信息化平台功能设计

(一) 云计算平台

随着云计算成为"十二五"规划的重要部分，将云计算应用到高校就业信息服务平台很有必要。每年的 9 ~ 11 月和 3 ~ 6 月是用人单位集中招聘期，同时，毕业生也集中在这几个月份求职。毕业生、用人单位都是集中在某一个时间段去访问高校就业服务平台，这就会给系统带来很大的压力，系统经常会崩溃。如果按照系统的最大访问量去配置硬件资源，在招聘的淡季就会浪费很多的资源，同时，也需要人员去维护这些硬件。而云计算技术就是为了解决这些问题应运而生的，将高校就业服务平台部署到云计算平台里，云计算平台就会根据系统的访问量去动态地增加或者减少硬件资源，这样既可以保证系统的稳定性，也避免了资源的浪费。

(二) 分布式存储系统

目前高校的就业信息系统都以集中存储的方式组织数据。集中式存储虽然便于管理，但是读取和写入数据只有一个入口，因为每一种数据库的可用连接数都是固定的，随着访问量的增大，这种模式也会成为系统的瓶颈。越来越多的数据需要存入系统，按照集中式存储，当存储资源不足时，只能增加内存和硬盘资源。如果将毕业生信息、学校信息、企业信息、招聘信息等分布式地存储起来，当存储资源不足时，只需线性地增加存储器。当前流行的解决方案就是 Hadoop 的 HDFS 分布式存储系统。

（三）大数据处理服务

数据量急增是传统的 IT 系统处理时会遇到的三个瓶颈：一是数据展现非常慢；二是数据运算速度难以忍受；三是采用传统的 ETL（数据抽取、转换、装载），数据更新慢。当前常用的 MapReduce 大数据计算框架就可解决这三大问题。MapReduce 处理大数据时，不是将数据移动到计算节点，而是将计算推向数据节点。MapReduce 的原理就是计算数据时，主机会启动一个任务，会先对这些数据进行分割，将大任务切分成多个小任务，再将这些小任务分配到集群上，每一个任务处理其所在节点上的数据，最后将数据汇总到一个节点并输出。

（四）就业信息检索服务

任何一个就业平台都无法收纳所有的就业信息。国内三个大型的招聘网站——智联招聘、51Job、大街网，每一个网站都有其他网站不具备的招聘信息。对于高校就业信息化平台，仅依靠企业和高校发布招聘信息的方式，信息量难以满足数量庞大的毕业生。所以新的高校就业信息化平台必须要有一个就业信息检索服务，能够检索互联网上重要的就业信息。

（五）智能分析模型

传统的高校就业信息化平台以高校和企业发布信息为主，学生可以从海量的招聘信息中去查看自己感兴趣的招聘信息。这种方式需要学生投入很大的精力去逐条查看招聘信息，同时，也有可能漏掉一些重要的信息。新的高校就业信息化平台需要有一个智能分析模型，这个模型包括就业信息推荐、个性化咨询服务、就业信息反馈。在就业信息推荐服务中，根据学生的技能和感兴趣的工作，并结合企业的招聘信息，为学生做个性化的就业信息推荐。为了能够及时提高推荐的准确度，需要学生反馈推荐的就业信息是否准确，以及是否适合该学生。

本节针对我国高校就业信息化所存在的问题，基于云计算和大数据技术，提出了一种基于云计算的高校就业信息化平台模型。并对模型的整体架构和功能设计进行了深入探讨。本模型整合各高校和网上的就业信息资源，避免重复建设，为高校提供个性化的、智能化的、可共享的就业信息服务。在未来工作中，应该对文中所提的架构进行验证，并且上升到就业信息服务平台层次，以求更好地指导以后类似平台的开发，最终达到大幅提升我国高校就业信息化水平的目的。

第五节 云计算的司法行政系统信息资源共享平台

一、司法行政系统信息资源共享平台建设需求分析

随着信息化时代的到来，信息化应用的积极性和主动性越来越强，各项业务对信息化的依赖程度也越来越高，司法行政系统信息资源共享平台必将在全省司法工作向前发展中发挥重要作用。

(一) 业务需求

共享平台在业务上，一方面要满足学院师生信息获取、使用的需求，另一方面要满足司法厅下属各单位，如劳教场所、监狱场所的信息使用。为省司法行政体系提供"零距离、全方位"和"一站式"服务，推动相关职能由管理型向服务型的转变，通过该系统平台整合现有数据及服务内容，从而有效地支撑省司法行政工作向大数据时代迈进。

(二) 技术需求

共享平台应拥有强大的服务能力，在服务器集群规模、存储规模和高性能计算方面，均应具有无与伦比的优势，这些能力应包括智慧计算能力、海量存储能力和安全可控能力。智慧计算能力要求系统平台具备大规模计算集群的管理、调度和运用能力，因而在数据平台建设中，需采用先进的虚拟化技术、资源自动化调度管理技术，以增加系统的处理能力。海量存储能力不仅要求存储具备海量空间，同时，还要具备高可用性、高并发性、按需扩展能力，因而在建设中，需引入分布式存储技术、分布式数据库技术等。安全可控能力是指为了避免系统的技术风险，本平台必须采用自主可控的软件及硬件进行搭建，产品的核心技术同时采用完善的基础安全、数据安全和网络安全措施，保证系统的安全性。

(三) 数据需求

随着网络舆情、图像、视频、指纹及人像模型等半结构化数据和非结构化数据信息采集量的增加，省司法行政工作即将进入大数据时代，需要在司法行政工作过程中实现更精准的数据关联查询和检索分析。从省司法行政体系的数据应用来看，共享平台的建设对数据需求的特点包括：数据量大、数据资源种类多、数据共享要求高；用户群大，并发用户量大；应用类别多，应用模式复杂；数据海量查询和批量处理等。

(四) 管理需求

共享平台建设采用虚拟化和云计算技术建设，需满足司法信息综合应用平台，各单位间共享服务平台，图像资源整合平台等业务，以及现有业务系统和将来新建业务系统的资源需求和桌面云业务的资源需求。要求能够弹性扩展，快速响应将来新业务的需求，并要求支持异构计算的存储环境和虚拟化平台。这就要求系统平台必须是大容量、高可靠性，具备完善的系统与业务灾备能力；还必须具备虚拟平台、硬件设备的统一管理能力。

(五) 安全需求

数据中心建设安全需求包括物理与环境安全、主机安全、网络安全、虚拟化安全、运行安全、接口安全、应用安全、数据安全、加密和密钥安全、身份识别和访问控制、安全事件管理、业务连续性等方面，对系统自身软硬件资源、对外提供服务及云接入安全，都提出了相应的安全技术和管理保障要求。

二、司法行政系统信息资源共享平台建设方案

司法行政系统信息资源共享平台总体架构遵循面向业务需求的设计思路，以云计算、大数据技术以及分步式云数据中心架构为关键支撑，以服务实战应用为根本目标，构建统一的司法行政系统信息资源共建共享的 IT 基础设施资源池，为司法厅及各下属单位应用系统提供敏捷、可靠、安全、弹性的 IT 基础设施服务。

（一）基础设施层：即 IAAS（基础设施管理），包含计算资源池、存储资源池、网络资源池建设，提供计算虚拟化、网络虚拟化、存储虚拟化功能。灵活地将物理服务器、存储、网络设备虚拟成计算资源池、网络资源池，实现各子系统的计算资源和存储资源的动态伸缩和分配管理，便于上层业务应用系统灵活分配资源。

（二）平台服务层：即 DAAS（数据资源管理、外部数据接口管理）与 PAAS（云服务管理平台、业务监控平台），包含自建数据库的管理与迁移、多媒体资源的获取与存储、第三方数据资源的转换，自产数据管理等；提供统一数据存储、综合数据治理、数据中心虚拟化、数据服务接口等功能，实现广东司法行政系统信息资源共享平台"数据资源"的灵活组合。平台服务层还通过云服务管理平台，统筹系统平台的统一登录、统一元数据生成、统一数字资源检索、统一缓存管理等；统一调度基础设施资源池、监控设备的占用情况、各业务服务的使用量情况等；提供用户管理、业务访问、数据管理、设备管理等综合业务使用平台，实现广东司法行政系统信息资源共享平台的核心管理功能。

（三）应用服务层：即 SAAS（业务管理层、各业务门户 OP），包含基于基础设施层、平台服务层向上封装的各服务单元构建的业务服务功能模块，提供用户注册登录，内容浏览订购，资源检索与使用，流程监控与管理以及个性化推荐等服务，还包括针对不同业务角色设计的业务门户 OP，构建广东司法行政系统信息资源共享平台对外交互服务的立体体系。

第六章

云计算环境下的数据共享技术发展

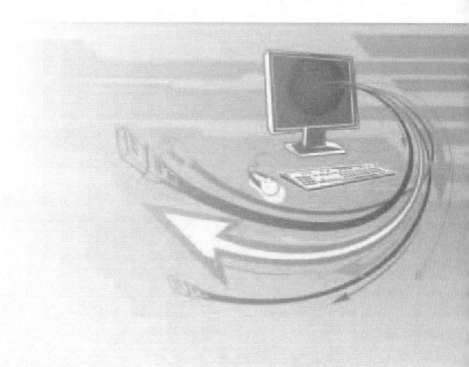

第一节 云计算技术的新一代空管信息系统架构

空管信息系统是我国空管保障体系的重要组成部分，对提高国土防空安全水平、提升空管安全保障能力、维护空中交通秩序、确保空中交通畅通、提高飞行效率起着至关重要的作用。随着全球空管一体化、军队训练任务多样化、空管应急响应智能化、通航飞行与无人机飞行规模化等新趋势的发展，我国现有空管信息系统的建设模式和技术架构面临着不少问题和挑战。

随着云计算技术的研究和发展，其对计算机科学和应用产生了极大的影响，相应地也促进了 IT 基础架构的变革，国内外各航空企业和空管部门也开始逐步采用云计算作为其基础架构，以期提高系统的性能和部门的效率。在新形势下，如何借鉴国内外空管信息系统建设的新理念，采用云计算、大数据技术等新技术体制，构建新一代空管信息系统架构，以提升我国空管信息系统的数据处理能力、信息共享水平和运维保障能力，成为当前研究的热点。

一、我国空管信息系统建设中存在的问题及面临的挑战

我国空管信息系统经过五十多年的发展，已初具规模，自动化水平显著提高，管制指挥手段得到改善，极大地提高了我国空管安全保障能力和全方位的服务水平。但是我国现有空管信息系

统架构大都按照传统的设计模式进行设计，主要存在以下问题和挑战：

（一）空管信息系统设备"七国八制"，缺少智能化统一运维手段

我国空管信息系统经历了一个从引进到国产化的过程。在前期引进了美国雷神、马丁的自动化系统，而后期则主要由川大智胜、莱斯、民航二所等国内厂商承建。由于设备种类多，型号不一致，加上缺少统一的智能化和远程运维监控手段，运维成本高，运维保障效率低。

（二）空管业务应用软件与基础平台紧密耦合，系统集成和升级难度较大

由于系统建设中各生产厂商使用的硬件设备、操作系统、数据库、GIS平台等基础软硬件平台五花八门，加上不同厂商的业务软件技术体制不同，与基础软硬件平台紧密耦合，存在系统集成难度大、升级改造成本高等一系列问题。

（三）各级空管信息系统独立建设，各类信息分别处理，计算资源未能被有效利用

目前我国军民航空管信息系统自成体系，各级空管系统分片建设。由于上下级之间、同级空管信息系统之间未建立按需共享业务处理服务的机制，所以大都采用本地信息处理模式，大量业务模块重复安装部署，业务数据重复处理现象严重，浪费严重系统计算资源。

（四）现有空管信息系统的数据采用本地存储模式，大量历史数据得不到有效利用

空管系统运行过程中积累了大量的历史数据，但是现有空管系统大都采用本地存储模式，由于本地存储资源有限，导致大量宝贵的历史数据被定期清理，造成极大的数据资源的浪费。同时，缺少开展大数据挖掘分析的基础条件，数据价值得不到有效利用。

二、云计算技术在空管信息化系统中的应用研究

FAA 和欧控在所开展的广域信息管理（SWIM）研究工作中，均已将云计算的理念、虚拟化技术和云存储技术等纳入其技术路线的考虑范围，以解决其在推进美国下一代航空运输系统（NextGen）与欧洲单一天空空中交通管理研究计划（SESAR）过程中面临的海量信息的采集、分类和标准化，数据统一存储以及各个系统间的数据共享的问题。

2011 年，美国联邦管理与预算办公室（OMB）发布了联邦云计算战略，提供了决策框架和相关案例，以支持各个部门向云计算迁移。该战略重点论述了实现云计算所需的资源，并且明确了联邦政府在推进采用云计算技术中的行动、作用及职责。在此政策精神的指导下，FAA 于 2012 年年底正式提出了空管云计算发展战略，计划通过政策和流程的支持，形成一种新的 IT 环境，将基础设施、平台、软件等资源进行整合，构建公众云、私人云、社区云或者混合云等应用模式，使部门内部可以获取、设计并使用云服务。目前正在两个主要领域实施云计算举措，即 NAS 系统和非 NAS 系统。此外，通用电气（GE）公司和美国国家航空航天局（NASA）合作开展研究计划，准备将下一代空中交通管理

系统带入"云"时代。

欧洲也开展了将云计算技术应用于空管信息系统建设的研究，英国的四大机场之一 Gatwick 通过与合作的航空公司共享数据信息，利用云计算资源，为乘客提供更便捷、更实时的航空旅行信息。英国航空管制巨头 NATS 公司宣布为保证未来业务增长战略的需要，将公司基于桌面的 IT 服务全部转向可以提供灵活、快速应对变化的云计算架构。Frequentis 公司的研究人员提出了航空云服务 ACS（Aeronautical Cloud Services）的概念，将卫星通信地面站、VHF/LDACS 数据链、空管服务信息处理系统 ATSMHS（Air Traffic Services Message Handling System）、扇区地面控制系统 SFC(Sector Floor Control) 整合作为云资源，通过虚拟化，为用户提供统一完整的航空云服务。

我国在空管云计算应用方面也做了不少尝试，民航东北地区空中交通管理局结合信息化办公环境，提出了民航东北空管局桌面虚拟化建设方案。通过将协同办公系统、电子政务平台、即时通信系统、电子值班日记系统等各种信息化应用软件统一发布到虚拟化桌面中，办公用户无须安装各种软件，即可使用各种信息化应用。民航华东地区空中交通管理局的叶云斐，针对华东地区巨大的航班吞吐量，提出了一套基于云计算平台的 CDM 系统设计方案。通过测试验证，该系统架构具备良好的计算能力和业务处理能力，使用灵活，满足系统安全可靠、成本低、易拓展的需求。中国电子科技集团公司第二十八研究所的肖雪飞提出了基于云计算技术，设计了自动化飞行服务站云计算中心体系架构，描述了需要实现该体系架构的关键技术。中国电子科技集团公司第十五研究所在国家飞行流量监控中心系统建设中，引入计算虚拟化、存储虚拟化和网络虚拟化技术，在提高资源使用率的同时，实现计算资源、存储资源和网络资源的统一调度、管理。该系统自上线运行开始后，系统运行稳定，虚拟化技术发挥的优势日渐显现。

第二节　大数据背景下云会计环境下的信息资源共享

一、大数据背景下云会计定义及发展现状

(一)云会计的定义及发展现状

云会计是指通过依托于互联网，从而为企业提供会计管理、会计核算和会计决策监督服务的虚拟信息管理系统。也就是说，通过利用云计算的技术和理念，能为企业会计信息化建设提供更好的基础设施和服务项目。

(二)云会计在我国的发展现状

"云会计"这个概念首先是由程平、何雪峰提出的，简单来说，就是云计算＋会计＝云会计。从2011年开始，我国云会计市场进入了快速发展阶段，中小企业已经成为云会计的第一批受益者。2013—2015年，我国云计算保持着强劲增长的势头，年复合增长率为40%，截至2015年，我国云会计的市场规模从2012年的228亿元增长到900亿元。

二、云会计在我国的发展应用优势

(一)低廉的信息化成本是云会计在我国流行的先决条件

云会计通过软、硬件服务的方式提供给使用者，使用者可以

通过电脑、手机等终端访问，无须投入交换机、服务器等硬件设备，这样一方面可以最大限度地避免设备折旧、过时等问题；另一方面，企业也无须进行数额巨大的一次性技术投资，这样便完全消除了购置、安装、管理资源的费用，因此，企业可以减少大量的开支。

(二) 良好的可扩展性为云会计在我国的发展创造了条件

云会计是在云计算的环境下实现的会计信息化，因此，其具有云计算的技术特点。因此，在这种条件下，硬件故障的自动切换、设备的升级，将不会致使会计信息化服务的中断；另外，企业也无须受系统配置、存储空间等硬件条件的限制，存储容量可以摆脱物理硬盘的限制，可及时有效地扩充系统容量，从而保证其负载平衡。

(三) 强化企业会计管控能力，为会计事后控制转变为事前控制创造条件

由于云会计软件供应商支持多终端接入模式，因此，企业原本比较分散的业务支点，可以随时随地登录到云会计中心系统进行账务处理，原本需要很长时间传递的纸质单据，由于云会计的使用，已经变得不再适用。数据业务的及时处理，使财务管理者能够更加准确地进行会计控制和财务决策。

(四) 云会计通过促进企业财务流程再造，从而提高企业的综合竞争力

信息技术的发展改变了会计信息的流程，云会计技术的发展将推进财务流程全部搬至线上。在云计算技术的支持下，企业可以将不同保密级别的数据存储在不同级别的云端，通过授予不同级别的人员对应地查看、更改以及更新维护数据的权力。这样，

企业便能够更好地集中管理数据信息。

三、云会计条件下企业信息资源共享存在的缺陷和不足

(一)共享的会计信息存储的安全性问题

云会计的应用使企业能够更加方便地获取和处理会计信息，做好会计信息的共享，有突发情况发生时，企业可以随时调用云端的存储资源，做到从容应对。此外，为了确保云服务的普遍性，云系统需要为用户提供开放式的访问接口，大量用户数据共享在云中很难真正做到数据的相互独立和互相隔离。

(二)用户隐私性的保护问题有待加强

近些年，我国多家知名网站传出大量用户信息被泄露的消息，这已经为我国信息资源的隐私性保护问题敲响了警钟。从个人计算机或服务器迁移到第三方云计算服务平台的信息越来越多，所以在不久的将来，就有可能会出现一家或几家云服务商掌握企业全部财务会计信息的情况。

(三)云会计信息资源共享的标准问题

良好的用户体验是云会计信息资源共享得以进一步开展的重要前提，而标准化则是良好用户体验的关键。然而，在当下，大部分云计算平台只能提供部分开发功能，只有少数能提供大而全功能的云计算平台，更多的只是满足大众用户的需求，而无法满足用户的个性化需求，因此当用户使用云计算时，有可能要同时使用多个云计算平台来实现数据同步，或使应用能在多个云之间相互操作。

(四) 会计信息传输在信息资源共享中的隐患

企业内部会计信息的传输，通常传输通道只需要约定一个简单的加密算法。然而当会计信息通过云会计服务供应商传输到云端时，会计信息的安全性和完整性必然需要得到保证。会计信息传输到云端时，云服务器供应商可以在会计信息安全性和完整性方面对用户进行限制。

四、针对上述缺陷的改进措施

(一) 保证重要数据在企业控制之下

会计信息是企业的核心价值所在，在云会计模式下，企业依托云会计供应商主要将数据储存在云平台上。虽然云会计供应商一般都可以提供较为完善的数据存储以及数据传输安全机制，但是，这并不足以保证企业的核心会计信息能够安全掌握在企业自己的手中，为此，企业也对存放在云端的数据的安全性存在顾虑。

(二) 规范研发云会计系统的标准，促进信息资源共享良性发展

在会计人员对会计信息共享认识程度不足、开发商缺少必要的利益激励因素的前提下，有关部门进行必要的引导和干预是极为必要的。在相关制度制定时，应该考虑会计信息在全社会进行交流的必要性，进而力求实现制度中的名词、代码、元素等要素的规范、统一，以利于全社会范围内的信息沟通。

(三) 打破云会计技术瓶颈，加快云会计产品的开发

在目前网络宽带、网速有保障的基础上，通过增强数据的通过能力、交互能力、抗干扰能力，利用网络节点故障的自修、自动报警功能，通过自动修复和人工修复，提高客户终端的反应速

度，实现信息资源共享客户终端与云会计供应商平台端的信息实时同步。

（四）组织制度层面在云会计下信息资源共享发挥的应有作用

在组织层面，通过建立云会计下信息资源共享协调与监督机构，成立由多方代表组成的云会计信息资源协调与指导委员会，共同协商处理信息资源共享中存在的各种问题，并对信息资源的云共享提供业务指导，给出相应的指导意见。

在信息技术迅猛发展的年代，云会计条件下的信息资源共享通过降低企业的投资或者使用成本，促进了企业信息共享的广度和深度，从而能够为提升企业的竞争力奠定基础。对此，我们可以预见，在不久的将来，越来越多的企业会计信息化将会在云上运行，企业的信息化共享水平将会显著提高。

第三节　云计算模式下中小企业财务共享服务平台

一、基于云技术的财务共享服务

平台架构建立财务共享服务中心的基本出发点是满足企业复杂的财务管理需要，降低成本，提高效率。当前，财务共享服务项目的实现相对昂贵，这是很多中小企业在考虑财务管理模式转型时遇到的阻碍。而云技术通过 SaaS 模式，由服务商通过服务端面向企业的财务共享服务中心提供在线的云系统支持，企业可以通过租用的方式，以较小的代价来实现财务共享服务的系统支持，免除企业的软硬件投入，降低成本。另外，云计算模式下的财务共享服务平台可以实现资源的动态分配，随时拓展，按流量计费，有效解决企业因业务量分布不均而造成的资源浪费，提高资源利用效率，节约成本。企业因业务规模的扩大而增加的成本，也会有所降低，如基础设施中的云储存，可降低因采用影像技术所带来的财务共享服务中心的存储成本。

基于云技术的财务共享服务平台的最大优势是可以在任何地方操作且不用购置昂贵的服务器，只需一台能上网的电脑或移动终端即可。通过在各中小企业的终端和财务共享服务中心建立合适的接口，将系统功能的核心部分集中到前端服务器上，前端服务器同财务共享服务中心数据库服务器进行数据安全交互，各中小企业的财务人员无须维护，只需通过互联网即可访问统一的服务平台，并进行日常财务操作，使财务共享服务匹配企业的业务发展需要。

二、财务共享服务平台的信息化应用

(一) 财务共享服务中心的业务范围

在实践应用中，一般将日常活动中重复性较高、标准易统一的业务纳入财务共享服务中心的作业当中。中小企业首先可以考虑将代账、费用报销业务放入其中。对于代账流程，中小企业可以在财务共享服务中心的记账系统中建立自己的记账端口，员工以扫描、拍照上传的原始凭证为依据来实现无纸化记账，亦可随时查账，统一核算方式，企业的不同代理人在交接记账时，也不会产生票据缺失和核算方式混乱等问题，有助于中小企业轻松方便地建立完整规范的企业账目。随着电子发票的实施，关键票据的管理将更加规范。对于报销费用流程，员工将报销费用明细输入系统，并上传各种报销原始单据作为凭证，财务人员进行审核，审核通过后由银企直接连接系统执行支付指令，相关部门打印凭证归档。其他业务的核算处理也类似，其他业务包括应收账款管理、应付账款管理、总账与明细账管理、资金管理、资产管理、薪资管理、财务核算、财务报告、预算管理。

(二) 应用方面

云计算模式下，基础财务数据和其他外部系统数据通过标准接口进入财务共享服务中心，帮助企业完成记账报销等基本业务，以达到节约成本提高效率的目的，并为第三方应用提供新的发展机遇。若结合大数据技术还能创造深度价值，则支持企业管理会计的发展。

1.财务共享服务系统与外部系统相接达成共赢。

第一，税控系统。一方面，可以解决中小企业的报税问题；另一方面，为税务部门提供了便利。税务部门的审查工作流程烦琐，财务共享服务中心的建立，可以帮助税务人员通过对企业扫描上传的原始票据等进行在线审核或者移动审批，简化监管工作。若出现某企业纳税不清的情况，亦可针对性地通知其递交相关票据来核对记录，相关企业只需定期邮寄票据即可。在这一模式下，税务部门可以实现网上及时审查，提高效率，降低管理成本。第二，物流系统。统一各企业间的经济往来交易流程，只需输入单号就可以随时查询订货或出货的物流状态，随时关注，达到相应状态时，系统自动提醒业务往来双方，提高运作效率，通过统一的支付指令，实现应收应付或预收预付等业务，借助第三方平台支付，则可保障双方利益，降低风险。第三，工商部门。工商部门是政府主管市场的监管和行政执法部门，在财务共享服务模式下，通过财务共享服务平台监控企业合法经营的状态，不仅可以帮助工商部门了解企业是否贯彻执行了国家的政策方针，还能了解企业是否虚假注册，业务有无违法交易等，可以有效预防一些扰乱市场运作秩序行为的发生。第四，投资方。由于中小企业管理上存在缺陷，银行或其他投资方一般不愿意投资，这就导致了中小企业的融资难等问题。投资方在投资前后若通过财务共享服务平台对中小企业的状况进行分析，评估其是否具有投资价值，有利于监控风险，可以为中小企业的投资评估提供可靠途径。此外，还可以通过影像系统及时查询发票，通过航班信息、酒店信息实现差旅费实报实销等。

2. 大数据技术助力财务共享服务流程优化，挖掘商业机会，支持管理会计发展。

财务共享服务中心的流程优化不一定需要海量数据来支持，但是财务共享服务的推广，将使越来越多的数据得以采集，数据挖掘可助力于发现问题、优化流程与服务。云计算模式下财务共享服务中心的经营趋势正在逐步从以服务补偿成本向以成本赚取利润的方式转变，针对市场竞争而言，大数据分析可以有效地挖掘商业价值，提升企业竞争力，如可以为客户提供财务管理与咨询等价值更高的深度服务。

会计管理主要集中在预算管理、成本管理、人才管理、业绩评价和会计信息化管理几个方面。财务共享服务模式下，从事基础工作的会计人员数量将大幅减少，会计人员将向管理方向转型，契合企业的发展建设需求。在成本管理方面，财务共享服务模式本身就降低了企业成本，再加上统一化的核算标准，更进一步增强了企业的成本管控力。在预算管理方面，结合大数据技术，可以实现管理会计中部分资源配置及数据分析工作，包括预算的编制、执行和财务数据的整合及分析，使预算编制更加准确，执行更加有效。在业绩评价方面，绩效管理是实现财务共享服务价值的保证手段，通过客观评价工作绩效，公平处理管理问题，可以帮助员工不断提升工作水平，并有效提高财务共享服务中心的整体绩效。例如，引入平衡计分卡绩效管理或者六西格玛绩效管理等，可以使评价指标更为全面，业绩结果更为准确。在管理会计信息系统方面，结合大数据分析，可以将原始数据通过清洗转换和加载接入数据仓库，借助数据挖掘工具（R、SPSS 等），实现财务数据挖掘和分析，并展示在会计报告系统中，为企业提供预测分析、决策支持等有价值的信息。

第四节　云时代教师个人数据管理的困境与策略

随着大数据、移动互联等新技术在教育教学中的广泛应用，每时每刻都产生着大量的标注教师教育教学行为和学生学习行为的非结构性数据。但就目前教育教学的实际情况来看，教师作为学校数字化变革的关键主体，面对海量的教学数据，仍然无所适从。云计算时代如何对个人数据进行管理，挖掘其中隐藏的数据价值？如何通过一定的技术手段和网络平台对个人数据进行有效分析并分享，从而促进教师的教学决策，提升自身的数字智慧，完善自身的专业发展？这是云计算时代教师所要面对的重大课题。

一、教师个人数据管理的意义

(一) 适应时代发展

在云计算时代，我们所说的"数据"已经实现了数据规模的爆炸式膨胀和数据模式的深度复合，呈现"非结构化、分布式、巨量化、可视化"等特点。对于智慧校园的建设来说，数字化建设是整个学校终端云建设的物质基础，成为数字化学校的重要资产。未来的教师不仅要懂得理解数据、相信数据、应用数据，还要将数据与专业发展、教学智慧整合起来。未来的智慧校园，学校不仅要管理数据、分析数据、分享数据，还要将数据与学校的发展、校长领导力结合起来。

(二) 提升教学绩效

在云计算时代，数据不仅仅包括了简单的教学成绩，还包括了在教学过程中教师与学生的行为表现、思维状况、学习反馈等。这些数据为教师的进一步教学行动提供了决策依据，由经验思维转换为数据思维，将生成性的课堂教学完整地转换为生成性的教学数据。通过这种方式，让教师逐渐成为一个反思实践者，去监控自己的教学实践和发展。通过大数据技术，记录、聚合、分析全体学生的行为记录，将多元化和非结构化的数据进行梳理，更加科学地描述学生的思维状况，深入分析学生的成长规律和思维模式，革新教与学的传统方式，让教学走向精确化和科学化，从而帮助学生改进学习或改善教师教学。

(三) 促进科研产出

云计算时代，数据的搜集、管理、分析、分享等已经成为任何一位教师进行课题研究的重要过程和手段。教师在教育教学过程中获得的第一手数据，是进行教育科研的宝贵财富，而这些财富必须通过科学的搜集、管理和分析，才能成为有效的具备科研价值的数据。一个具备数据素养的教师使用相应的数据分析工具对自己在一线教育教学的数据进行整理、分析和总结，挖掘和合理使用相关数据的价值，并从中发现数据之间的关系及其在教育教学中的趋势和规律，从而发挥出它应有的科研价值。这不仅有助于教师自身的专业成长，而且也提升了教师之间的整体科研协同能力，并有效地促进学校的科研产出。

(四) 发展数字智慧

在云计算时代，大数据所带来的信息冲击，会对教师的教学思维模式产生重大影响，如何抵御这种海量数据带来的无所适从感，就需要依靠教师在分析和处理个人数据时发展的数字智慧，通过提升和发展数字智慧来进一步分析和解释数据。因此，解决问题的最好方式就是由教师先处理好来自自己的第一手数据，通过个人数据管理，来发展自身的数字智慧，从而建立持久的、高效的教学决策和实践体系，只有教师个人的数字智慧提升了，学校的数字化建设才能真正得到发展。

二、教师个人数据管理的困境

(一) 心理层面——对数据的畏惧感

教师对数据的畏惧感主要来源于两点：一是数据常常指向结果，它能毫不留情面地揭示优点与缺点、成功与失败；二是数据变革本身的不确定性以及数据变革对既有习惯、能力所提出的挑战，让教师感到失落、无助，从而产生畏惧心理。事实上，教师拒绝使用包括网络公共平台、大数据在内的诸多信息技术手段，其最为重要的原因是对技术的畏惧和担忧。这种畏惧感使教师对技术整合教学的自我效能感下降，使他们认为，传统的教育方式将要颠覆，教师的主导地位将被取代，这样的畏惧感在教师的信息技术应用心理中占据着主要地位。

(二) 数据层面——数据价值效度低

随着云计算时代的发展，海量的数据正在不断膨胀，数据之间的离散造成了数据在认知层面的低效率运用。它们不能通过分析显示出应有的关联和模式，也就无法被理解和运用，成为黑暗数据（dark data）。同时，一些数据被重复地存储和使用，而事实上，这些数据毫无价值，冗余、陈旧、失效。这些腐烂数据（rot data）在某种程度上占用了有限的空间资源，更为严重的是，对教师查找相应更有价值的数据造成了一定的干扰。因此，教师如果没有及时进行个人数据管理，这些离散的数据不仅会占用有效的数据空间，而且它们将阻碍"知识金字塔"的合理进化，造成教师获取数字智慧的极大困扰。

(三) 技术层面——技术能力薄弱

云计算时代，教师的个人数据管理并不要求教师在数据的统计、收集方面成为专家，它更关注的是教师对数据的掌控和决策能力。但就目前的教育教学实际情况来看，一线教师面对的是数据太多而时间太少的矛盾，数据管理实践与教师个体之间产生分离，就出现了所谓的"数字化鸿沟"。教师与数据关系之间的不和谐，直接造成了海量的非结构化的教育数据成为垃圾数据，教师在技术能力层面的缺失达不到数据系统的应用要求，被快速膨胀的信息浪潮所抛弃的不只那些看似没有价值的垃圾数据，更是教师在应对海量数据面前被撕碎的自我效能感。

(四) 思维层面——数据思维尚未形成

云计算时代，具备良好数据素养的教师能习惯性地将数据结合经验和现场观察，依据更加理性和客观的数据检验其实施教学策略的有效性，从而做出更加客观和理性的教学决策。目前，教师在个人数据管理方面的不作为，恰恰表明教师的教学思维的发展仍延续以往的靠经验和直觉进行的模式，这种固化的预成型教学与新课程改革提出的生成性的课堂教学事实上形成了对立和矛盾。在大数据时代下，教与学的过程将被极大程度地量化，涵盖着有关学生特征、学习活动特点、成长变化反馈的海量数据已经扑面而来，这些数据真实、确证、毫无争议。它们的存在让我们意识到实证型（evidence based）教学思维的发展已是事实。而实证型教学思维建立却又需要教师在教学实践、教学实验、教学反思上重视证据（数据），尚未形成良好数据思维的教师，在这个教育革新的关键期又将败下阵来。

三、教师个人数据管理问题的解决策略

(一) 数据素养的培养

要解决教师个人数据管理问题，最先需要解决的就是培养自身的数据素养。目前学界对数据素养的内涵界定各不相同，一般认为，教师的数据素养由数据意识、数据能力与数据伦理构成。首先，数据意识的培养应摆脱对数据的恐惧心理，真正主动地接触数据，理解甚至赞赏数据带来的便利与科学；在接受数据的前提下，重视数据的价值，在教育教学实践中，努力使用信息化教学模式来改造自己的课堂教学，通过不断的实践来培养自己对数据的收集、整理、分析的能力；在教育教学的反思总结中，培养敏锐的数据观察力，提升对数据的理解、感受和评价。其次，数

据能力一般又可以分为数据的定位与采集、数据的分析与解读、数据的反思与决策、数据的交流与分享。数据能力的培养最关键的是赋予数据意义的过程，而不只是技术。数据能力在教育教学中体现的是一种新的教学思维方式与教学理念，进而逐渐凝结为教师身上一种相对稳定的教学特质。再次，在云计算时代，丧失了知识产权的全开放数据，不可能促进大数据时代的良性发展。对于教师来说，个人数据管理不仅需要注意知识产权的问题，还应该注意个人隐私的保护。对个人隐私的保护是数据采集和分析的重要前提，否则，教师将面临巨大的法律责任和道德压力。最后，教师数据素养的培养不是一朝一夕就能完成的，它是一项系统工程。教师个人数据管理必须避开走单纯的技术路线和理论学习的方式，而需要转向学习、反思、成长为一体的智慧型教学模式，将数据素养的提升与自己的专业成长联系起来，将个人数据管理与教师的教学实践、教学反思、教学决策联系起来，真正实现个人数据管理的有效发展。

(二) 基于数据的教学革新

作为一个非专业人士，教师不太可能会使用数据洞察的手段，使用专业的数据分析工具进行归类、存储、分析和应用，而只能通过这些多元数据改进自己的教学，以便满足学生的个性化需求。当基于这些数据的需求产生时，教师的个人数据管理便有了执行的初始动力。首先，从教学准备来看。数据驱动的教学课堂，改变了以往教师教、学生学的传统课堂模式，它将更强调学生的自主学习和团结协作，类似如翻转课堂的教学模式，则进一步将学习的主动权从教师转移给学生。被颠覆的教学流程需要通过教师更加细致的课前教学准备来弥补，这就进一步要求教师在数据管理上，也要更加全面和精细。一方面，通过网络平台的应用数据反馈预测学习者特征和学习准备，另一方面，根据平台或相关数据系统的反馈，对个人数据库做好相应的梳理和数据分享。其次，从教学过程来看。基于数据的课堂情境应是数据采集和教学实践的重要环境变量，对学生已有的学习潜力、学习状态的分析以及与预期教学目标的差距的预判，对学生在动态生成的课堂中的表现以及教师相应的调整的数据变化，将相应地体现为教师对学习者特征的分析、对学生个体差异教学的把握、对本课教学重难点的理解、对学习任务完成度的反思，通过数据信息，对学生的多元需求进行区分和回应，以规划、调整和实施差异化教学，强化学生的自尊、自我效能感和元认知能力。最后，从教学评价来看。基于数据的教学评价能对教学活动的全过程进行动态化的自动监控、数据分析与科学评价，对教学双方进行及时、准确、科学、针对性的帮助与指导。通过应用自动化和精细化的管理系统，对课堂教学过程中发生的行为数据进行采集、跟踪，结合学生评教、专家评价、同行互评等信息，互相验证，在提高评价的准确性和科学性的同时，充分梳理和利用教师的个人数据，让教师的个人数据管理更加有效、易用和准确。

(三) 网络平台的数据共享

　　云计算时代，海量多元的数据沉睡于教师的电脑中，经年累月，却始终无法为教育教学服务，成为黑暗数据 (dark data)。当教师个人数据通过网络平台进行分享后，个体的经验知识就可能上升为群体的结构化知识，原先处于教师个人数据库中的一些看似无用的数据，可能一跃成为其他教育工作者争相传阅的宝贵资料。通过平台的数据阐释和数据聚合，将数据表征形式从量化数据转变为质性资料，实现教师、学生、家长、学校等教育利益相关者之间沟通交流的渠道，并通过这种渠道再次收集信息反馈变成数据，反映到平台的管理系统中，帮助教育工作者更好地反思和总结。在这个过程中，教师的个人数据被盘活，并得到梳理，教师与各级数据系统、教育利益相关者之间的基于数据的交流得以顺利开展。随着国家对教育信息化发展的高度重视，各种平台的建设和系统的联通会更加完善，我们将很快面临各级各类数据系统联通之后数据的应用挑战。对于教师的个人数据管理而言，如何实现数据的最大化利用，如何将个人数据管理与各级各类平台以及教育数据系统进行完美联通，这将是今后教师个人数据管理的重点与难点。教师作为整个数据技术整合的中枢，在应用数据的教学交流上将责无旁贷，通过数据分享来让广大的教育利益相关者传播教学内容、理解教学模式、发现教学问题、做出教育决策，从而推进教育教学的社会认知进程。

（四）团队协作与数据文化

团队协作是教育教学信息化革新的重要基础，通过教师之间的协作，不仅可以减轻教师个体的变革压力，提高教师的自我效能感，还可以实现数字资源的共享。具体来说，可从三个方面切入。一是构建基于数据的专业学习共同体。由学校在宏观层面上整体规划和引领，根据各校实际，策划不同层面的学习共同体，利用现有的平台（国家教育资源公共服务平台和校园、官方微信公众平台等），共享彼此的数据库，并为共有的公共数据库提供数字资源。二是创新数字化建设，构建教师应用数据的服务支撑体系，这个服务支撑体系包括在职教育信息化培训（微课、电子白板、数据管理系统等培训），应用技能帮助和硬件维修服务，网络平台和数据管理系统、成绩批改系统等建设和维护。三是开拓教学数字化应用情境。围绕数据能力，丰富数据应用情景，设计相应的数字化体验课程，同时，根据不同维度的数据能力，将教学准备、教学过程、教学评价等和教学关联密切的方方面面都容纳到数字情境中，进一步丰富教师的数据理解和迁移，促使教师关注个人数据管理建设，并切实提高教师的数据管理能力。教师个人数据管理看起来是教师个人的事，但学校如果没有在宏观上加以引导，进一步营造学校协作型数据文化氛围，那么教师的个人数据管理只能是一潭死水。只有学校增强自己的学校数据领导力（data leader），组建相应的数据团队（data team）构建服务支撑体系，教师在教学层面上展开基于数据的协作型会话才能够真正发生，教师的个人主义文化才能真正避免，和谐开放的校园数字文化才会真正养成。

第五节　大数据背景下电子政务云平台

一、我国电子政务现状分析

我国电子政务的开端是在 20 世纪 80 年代，比西方国家的电子政务起步要晚，其主要原因是由于信息化技术的发展与其他国家相比较为落后，信息化水平偏低。另外，我国区域电子政务的发展不平衡，主要受到各个地区经济发展水平的影响。近几年，我国电子政务的发展比较迅速，并取得了初步的成就。以"三金工程"（金桥、金关、金卡）为代表的多项工程都取得了突破性的进展。金桥工程的成功建立，为建设电子信息市场创造了良好的条件，使经济、信息等资源实现共享，进一步推动了我国电子信息行业的发展，为我国电子信息产业的发展奠定基础。全国各个区域政府部门都开展了网络工程建设，设立属于自己的网站与主页，通过该平台向社会公众公开政务信息提供相关的资讯服务，逐渐把政务公开化、电子化。所有地区的政府部门都可以提供在线咨询与服务，是电子政务发展历程上的一大突破。政府部门运用云计算服务，可以更好地执行市场监管、社会管理、经济调节以及公共服务等义务。近几年来，政府部门加大了对电子政务安全体系的建设，出台了相关的信息系统保护制度，逐渐完善电子政务信息安全保障工作。

二、云计算在电子政务中的运用优势

云计算是一种能够在短时间内迅速地按需提供资源服务，避免资源的过度或者过低使用，基于互联网的计算模式，用户可以根据相关的服务需求来共享云计算中的软硬件资源。云计算是一个开放的平台，在云计算中，不需要任何组织来对系统进行维护，云计算系统的构建在扩展性、维护性和数据处理方面都存在独特的优势。

（一）计算与存储能力强

云计算能够提供超强的处理能力。在 2009 年，Google 云计算已经拥有 100 多万台服务器，而其他云计算服务商也拥有几十万台服务器。云计算把各种设备联结在一起形成集群，能够大量地处理与存储数据，检索指令、答案速度将超过任何一台单机。云服务对用户来说，是可以无限扩展的，可以给用户带来多元化的服务。云计算能够全方位地满足数据处理的要求，充分地缓解当前信息时代信息量大的压力，给电子政务的发展提供强大的技术支撑。

(二) 数据共享

云计算会把所有用户数据集中到数据中心。在用户进行数据共享时，不必采取点到点传输，直接通过数据中心进行数据共享。用户可以通过网络随时使用云服务，不受时间与地点限制，服务器会根据用户的需求来提供资源，实现不同终端与设备之间的数据共享，给工作带来一定的便利。随着云计算技术的不断完善，电子政务资源共享将广泛进行部署，对不同电子政务系统平台之间的信息进行无缝交换，提高政府内部各种信息处理和传播交流的效率，真正实现电子政务信息资源的有效整合。

(三) 成本低廉

云计算的数据存取与维护大多统一集中在云端，该运行技术突破了使用者的配置限制，在一定程度上会允许配置较低的使用者进入。使用者可以根据数据的使用量进行付费，比以往的付费方式更加合理化、人性化。实现了低成本享受优质服务的可能，而且不必担心系统维护问题，供应商会帮助用户妥善地处理该服务系统的售后问题，节省了购买与维护的费用，减轻公司的资金负担。所以，云计算的投入资本比较少，所产生的利益是不可估量的。电子政务系统建设多变性、经费投入过高等问题，都可以通过云计算技术所构建的云平台来解决，最大限度地节约信息资源和社会资源，提升电子政务的工作效率。

三、电子政务云平台的构建

建立电子政务安全平台不仅要能够支持电子政务的整体服务模式，而且要适应大数据环境背景，同时，支持云计算的运行机制。电子政务云平台的构建主要包含展示层、业务应用层、后台处理层、云支撑环境以及安全保障。各个模块的功能如下。

(一)展示层

云平台建立的展示层可以与用户进行直接交互，通过系统的统一认证，系统平台可以自动识别到用户权限，并且提供相应的展示界面，用户可以通过展示层的链接来登录所需的应用，使用非常便捷，满足用户的需求。

(二)业务应用层

业务应用层主要包括一些服务类系统，可以实现多个系统之间相互联通，提供一系列处理政府事务所需的服务。

(三)后台处理层

后台处理层的设计主要针对系统的模块化和弹性扩展功能，整个平台的每一类界面都是由模块组成，不同的模块，会有相应的后台管理。后台管理包括空间管理、栏目自定义管理等，进一步完善系统的完整性。

(四)云支撑环境

云支撑环境主要包括网络硬件、系统软件、数据和继承借口、信息资源库以及文档资源存储等。

(五)安全保障

云平台构建的安全保障主要包括平台安全体系和平台维护体系。平台安全体系主要针对电子政务云平台管理机制和信息安全方面进行设计，而平台维护体系主要是针对整个系统的稳定性以及网络安全方面进行设计。

第六节　云计算环境下的电子取证——挑战及对策

一、云取证的风险和挑战

云计算确实带来了数据存储、处理和传输的革命，但当越来越多的应用从传统的单机、工作站和网络转向云计算环境时，低成本的数据阵列和高速的带宽为越权数据迁移和敏感数据窃取提供了可乘之机，因此，给取证工作带来了巨大的安全风险和技术挑战。在取证过程中要确保云数据不被泄露，以及可准确获取，确保取证数据传输安全、存储安全，有效防范和快速定位云计算环境下的黑客攻击。由于每个用户都有机会拥有并使用云计算资源，因此数据的所有权和隐私就失去了原有的意义。云计算环境下的虚拟管理程序及其设备相对于地域的独立性，使得传统的以单机和独立设备为主的事后取证工作方式难以适应。下面分别从云数据混合交叉、云存储的动态性和实时性以及数据格式的非标准化和复杂性，来论述取证工作所面临的风险和挑战。

(一) 云数据混合交叉

在云计算环境中，不同的用户数据和各种类型的数据混在一起，分布式地存储在不同地域的不同设备上，其数据的抽象性、资源共享性和存储分布性，使得无法用传统的取证工具再现原始数据，既无法克隆磁盘，又难以将某个或某类用户的数据单独地提取出来而不涉及其他用户的隐私，同时，也很难确保证据的完整性，因为数据是以碎片方式分布存储而共享使用的。即使做数据迁移，所耗费的时间和资源也很巨大。在证据提取阶段，首先要确定数据边界，对于跨地域 / 国界的数据取证，还要寻求相应的法律支撑，并将数据的时间属性、关联属性、用户特征、传输轨迹以及系统的审计、安全和应用日志等更多信息纳入采集和固定的范畴，同时，还要重视云数据的采集和使用。在提取证据后，需要仔细甄别数据是否有价值和冗余。对于无价值和冗余数据，应进行清洗处理。云数据混合交叉带来的取证往往是提取信息量巨大，但其中可作为证据的数据却可能仅仅只有几条。如何通过强大的智能分析方法更迅速地完成电子证据的精确提取分析，是云计算环境下数字取证需要解决的难题之一。

(二)云存储的动态性和实时性

海量的用户通过网络分享海量的云存储，体验不同的云服务，因此数据丢失风险和数据泄露风险无处不在。云服务商的误操作、云计算环境的漏洞、恶意软件、黑客入侵和其他用户非法窃取数据，都可能造成数据丢失和数据泄密，云计算环境瞬息万变，每一秒都有成千上万的用户在上传或下载数据信息和体验不同的应用和服务，新增的数据信息随时有可能覆盖前面的证据。如何在动态、实时变化的云计算环境中准确地把握取证的时机，快速找到、跟踪线索并固定证据，就显得极为重要，否则，证据就极有可能被覆盖、更改，甚至丢失。

(三)数据格式的非标准化和复杂性

云计算环境的数据规模超大，但却没有统一的数据标准，很多数据格式和数据资源描述都是各自专有的。结构化、半结构化和非结构化数据并存，证据类型涵盖了文档、音频、视频、邮件、数据库、网络日志等多种形式。这种数据存储的非标准化和复杂性给电子证据的获取和分析带来了很大挑战，需要反复使用数据解密、数据恢复和数据分析技术，需要取证人员具备较强的数据处理能力和数据关联分析能力，同时，也需要云服务提供商的技术支持和协助。

二、云计算环境下的取证调查对策

云计算环境下的取证需要从动态环境和海量数据中收集和分析证据，来确定嫌疑人的信息获取、资源占有和服务使用情况。调查取证的方式、范围及所使用的工具与传统的取证方式有很大不同。首先，在证据收集阶段，云取证调查人员除了获取传统意义上的用户文档外，还必须考虑嫌疑人在云计算环境中的用户身份、角色及所定制的服务，所属的网络环境信息及时间信息，在跨地域特别是跨国取证的复杂环境中，需考虑比如时区等因素；其次，应综合利用传统的静态取证工具和在线取证工具来获取线索。云计算环境所涉及的证据信息包括云端信息和客户端信息两部分。客户端的信息获取可以采用传统的取证工具进行磁盘克隆，而云端数据的跨地域分布式存储和高度虚拟化，就使得调查人员面临的不再是传统的物理机器，而是虚拟影像，因此，在线取证工具是必不可少的。在最后的数据处理阶段，无效和冗余数据的清洗处理至关重要。云计算环境下提取的与证据相关的数据可能包括大量的日志、环境及多用户的共享信息，因此，做好日志数据的时间轴分析，包括时间戳的同步工作，快速地甄别并除去无价值的数据信息并高效地从中提取与案件有关的线索，是至关重要的。

云平台架构不同于传统的"烟囱式"IT架构，其通过虚拟化与自动化而完成资源整合，以此构筑成可灵活调度、伸缩的共享资源池，所提供的云服务涵盖三个层次：基础设施即服务IaaS（Infrastructure as a Service，如 Amazon Web Service、SAVVIS、世纪互联等)、平台即服务 PaaS(Platform as a Service,如 Google App Engine、Windows Azure 等)和软件即服务 SaaS(Software as a Service,如 Google Apps、Office 等)。在云计算环境下,资源和服务都是由云服务商提供,用户操作行为包括数据的传输、服务的申请和资源的获取都是直接通过网络完成,因此,取证调查的重点将由传统的线下取证转移到线上取证,即从云服务平台去调查涉案违法证据。取证人员需要了解云端服务类项及其技术类型,如云端设备、平台、软件以及拓扑结构、数据上传工具及云服务商提供时间的准确性和时区信息等。同时,要第一时间与云服务商沟通,以保全系统的日志信息和特定用户的数据信息,以防证据被覆盖或者丢失。

参 考 文 献

[1] 徐开明.地理信息公共服务平台建设与现代测绘服务模式[J].地理信息世界，2006，4(3)：41-48.

[2] 肖建华，罗名海.武汉市地理信息公共服务平台建设初步设想[J].地理空间信息，2005，3(5)：4-7.

[3] 俞国权.中山市公共信息服务平台数据部署初探[J].测绘与空间地理信息，2008，31(6)：96-97+104.

[4] 朱家彪.公众地理信息公共服务平台系统建设研究——以湖南省为例[J].测绘通报，2010(9)：60-62+76.

[5] 王军，臧淑英.地理信息公共服务平台的网络化服务建设研究[J].测绘与空间地理信息，2010，33(2)：14-17.

[6] 李德富，陈运启，彭波.数据挖掘与云计算技术及其在煤矿中的应用[J].山东煤炭科技，2016(1)：166-168.

[7] 邵燕，陈守森，贾春朴，许强.探究大数据时代的数据挖掘技术及应用[J].信息与电脑(理论版)，2016(10)：118-119.

[8] 王晓燕，吴应清.云计算时代下数据挖掘技术分析及其应用评价[J].办公自动化，2016(6)：52-54.

[9] 刘霞，马晓，刘素颖.网络环境下军队院校图书馆文献信息资源建设的对策 [J].科技文献信息管理，2016 (3)：38–39.

[10] 薛玲.大数据时代军校图书馆服务创新探究 [J].科技文献信息管理，2015(4)：34–37.

[11] 张娟.基于用户需求的高校图书馆科学数据服务研究 [J].图书馆学研究，2015(19)：74–79.

[12] 钟声.大数据驱动的高校图书馆数据监护探究 [J].情报资料工作，2014(3)：103–106.

[13] 王文联.嵌入数据监护的图书馆机构库高效运行模式 [J].新世纪图书馆，2014(3)：36–38.

[14] 陈臣.基于大数据的图书馆个性化服务用户行为分析研究 [J].图书馆工作与研究，2015(2)：28–31.

[15] 张海营.基于 Web 的区域文化信息资源共享平台设计 [J].湖北文理学院学报，2013(2)：18–22.

[16] 李桂贞.基于云计算的移动数字图书馆服务平台构建研究 [J].现代情报，2015(3)：82–85.

[17] 单伟，陈淑平.国内图书馆联盟云计算服务研究现状与问题分析 [J].现代情报，2014(11)：79–83.

[18] 邹晴枫.区域联盟图书馆云计算服务中心的构建 [J].图书馆理论与实践，2014(6)：92–95.

[19] 苏超.文化共享工程可持续发展研究 [D].天津：南开大学，2014.

[20] 郝永杰.高职院校数据共享平台的研究与实现 [D].呼和浩特：内蒙古大学，2014.

[21] 刘玉玲.云计算模式中的图书馆 [J].华中师范大学学报

（人文社会科学版），2012(4)：135–137.

[22]　陈虎，陈东升.财务共享服务案例集 [M].北京：中国
　　　财政经济出版社，2014.

[23]　张庆龙，聂兴凯，潘立靖.中国财务共享服务中心典
　　　型案例 [M].北京：电子工业出版社，2016.